Best selection
+
New works

peikkoの
タティングレース
アクセサリー

文化出版局

はじめに

タティングレースは、小さな糸巻きに巻いた糸を使って結び目を作り、

さまざまなモチーフや連続模様を仕上げていく手芸。

少ない道具で、場所を選ばずに、少しずつ作り進めることができるのが魅力です。

この本は以前出版した3冊の本からセレクトした作品に、

新作を加えて構成しています。

新作のアクセサリーはシンプルな技法を使いつつ、より自由に楽しみながら作りました。

手仕事をする穏やかな時間に

この本を開いていただけたらうれしいです。

Contents

single motif earring → P.77, 78

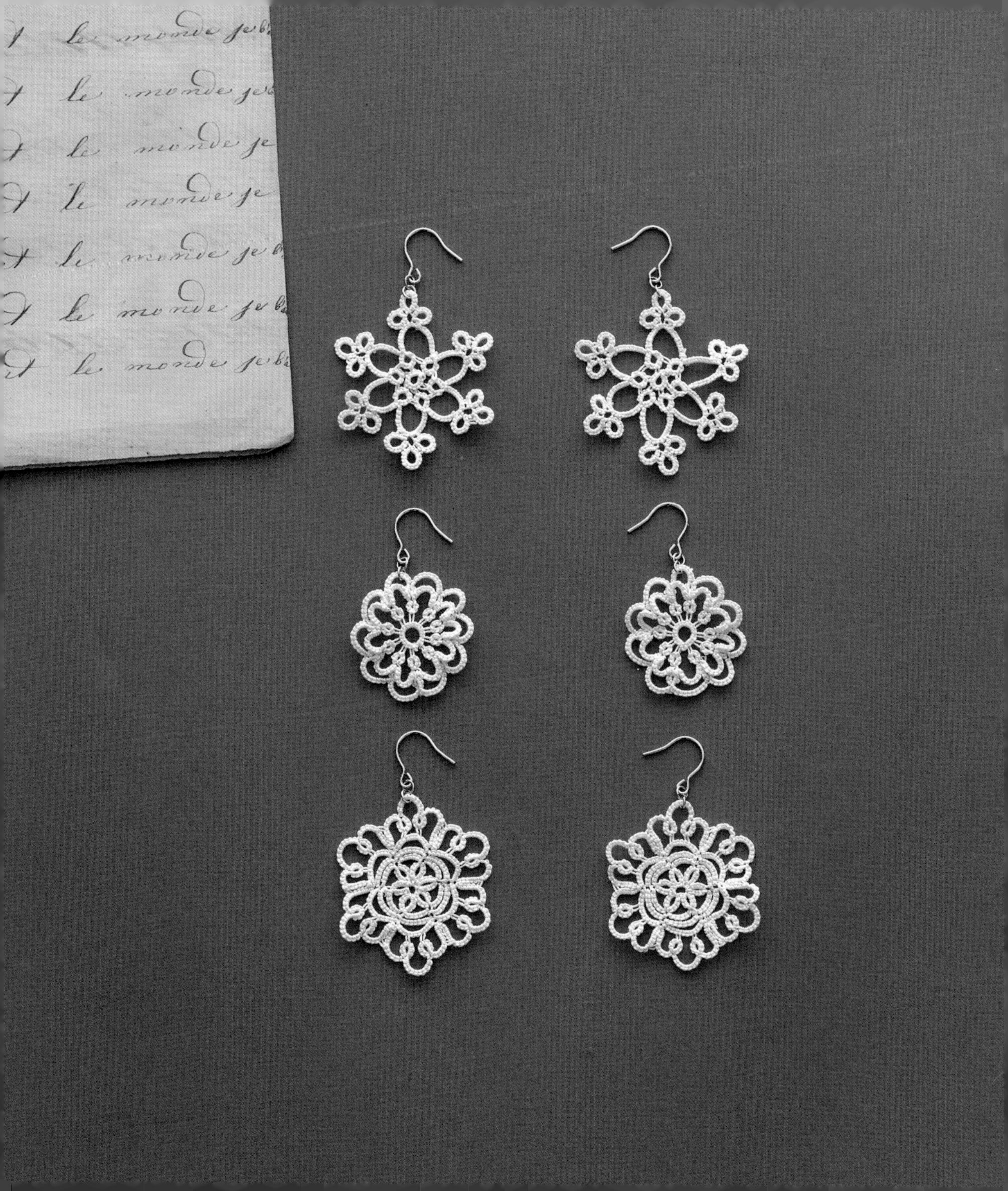

tassel earring → P.79

DEVANT

Milieu devant DROIT FJ

colorful beads earring → P.80

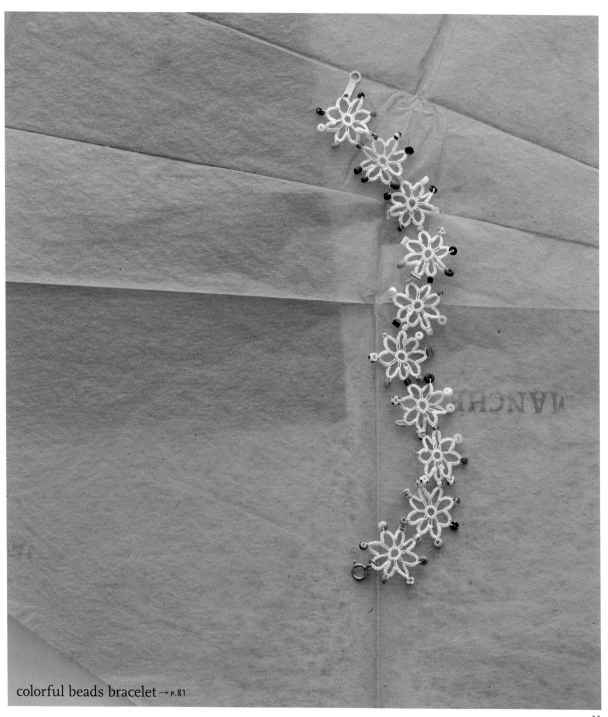

colorful beads bracelet → P.81

clover motif bracelet → P.82

clover motif necklace → P.83

square motif bracelet → P.84

square motif ring → P.83

2-tone color motif necklace → P.85

simple flower bracelet → P.88

round flower necklace → P.89
round flower bracelet → P.89

19

flower garden earring → P.90
flower garden brooch → P.90

flower garden necklace → P.92

autumn color bouquet corsage → P.94

22 marguerite bouquet corsage → P.93

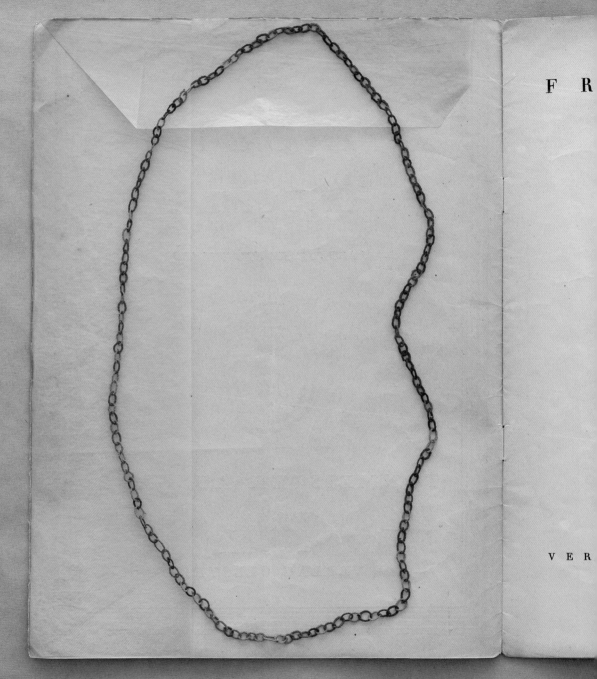

chain necklace → P.96

F R

V E R

yukiyanagi bracelet → P.96
yukiyanagi earring → P.96

mimosa brooch → P.99
mimosa necklace → P.98

28

edging pattern hair accessory → P.100

split ring necklace → P.101

edging pattern bracelet → P.101

black motif necklace → P.102

blue flower bracelet → P.105

blue flower necklace → P.106

タティングレースは円形や花形などのモチーフを作るほか、

さまざまな表現ができます。

左手にかけた芯の糸に織り物のように

糸を渡して小さな葉の形に作るクルニーモチーフ（p.36,37）、

丸いビーズを芯に入れて結び目を作りながら包んでいくボールモチーフ（p.46）、

長いピコを葉脈に見立てて作るリーフモチーフ（p.42）など。

こういった技法を組み合わせたり、ポイントに使うことで、

アクセサリーのデザインの可能性が広がります。

leaf bracelet → P.108
rose and leaf bracelet → P.109

pink rose necklace → P.110

40   beads flower earring → P.108

double string flower necklace → P.111

berry and leaf earring → P.113
berry and leaf choker → P.116

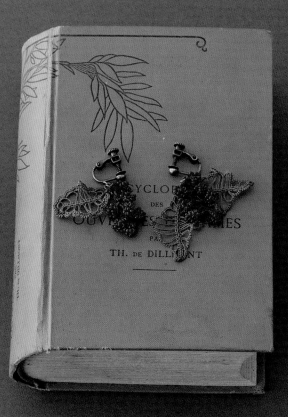

natural flower necklace → P.118

white flower hair accessory → P.122

ball motif necklace → p.121

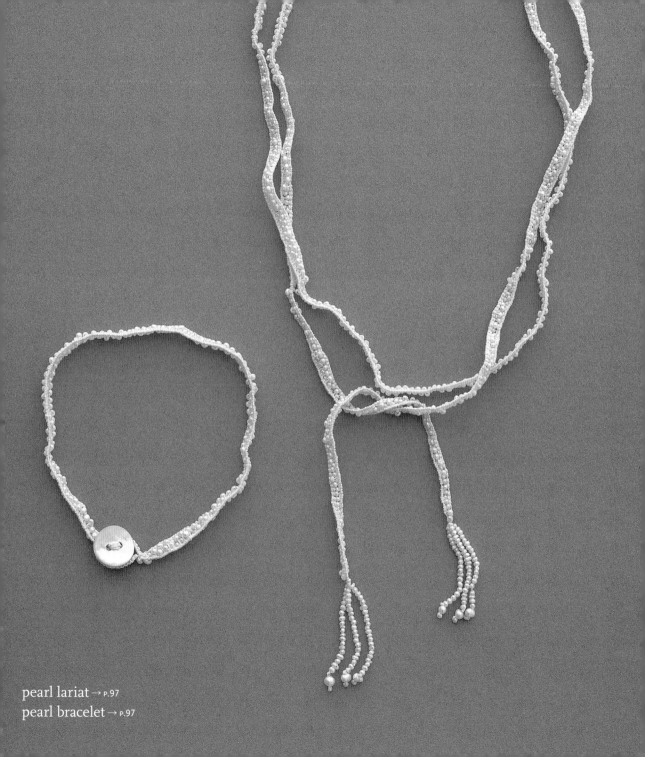

pearl lariat → P.97
pearl bracelet → P.97

hexagon motif choker → P.124

round motif collar → p.120

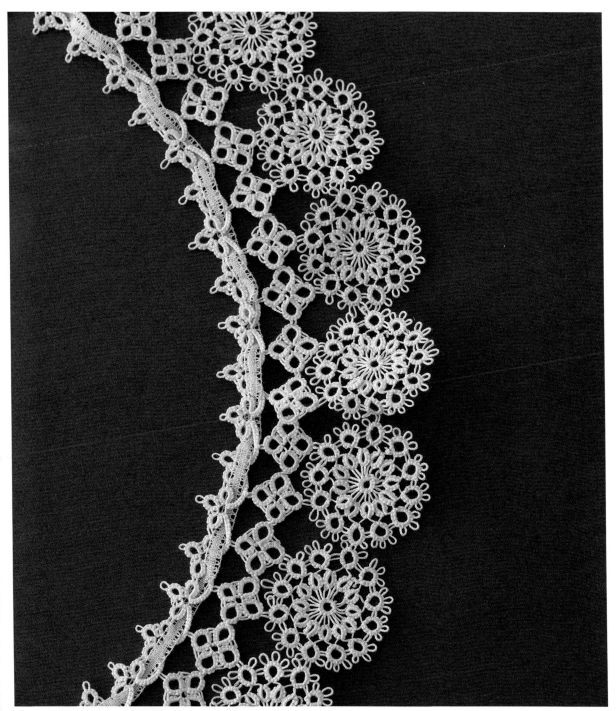

flower garden collar → P.126

Materials & Tools

糸

主に使用するのはレース糸。
この本では 20 番の少し太めのものから、
80 番の細い糸まで、
作品に応じた太さのものを使っています。
他に色が豊富な刺繍糸や
絹手縫い糸なども使用します。

ビーズ

モチーフの間にビーズを入れると、
より華やかな雰囲気になります。
丸ビーズ、竹ビーズ、パールビーズなど、
デザインに合わせて選びましょう。
ビーズは使用する糸が
通せる大きさの穴のものを。

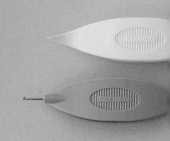

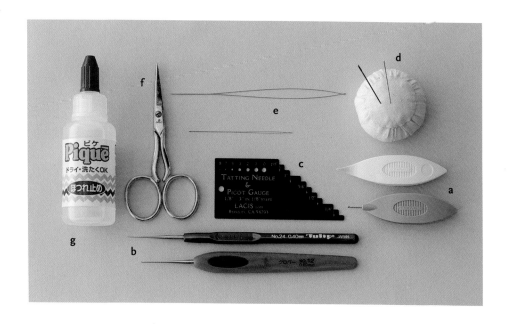

道具

a シャトル

タティングレース専用の糸巻き。プラスチック製の
ものが多く、先のとがった爪つきのものや、先にか
ぎ針のついたのものは、糸を引き出したり、ほどい
たりするのに便利。2個のシャトルを使う作品の場
合は区別しやすいように色違いのものを用意すると
いいでしょう。写真はクロバー製 (p.128 参照)。

b レース針

ジョイントやシャトルつなぎのときに、糸を引き出
すのに使用。糸の太さに合ったものを選びましょう。
ビーズをピコに通すときにも使うことがあります。ま
た、かぎ針編みで編み玉を作るときにも使用します。

c ゲージ

写真はタティングレース専用のもの。ピコを作ると
きに使用すると、均一の高さのピコが作れます。ま
たは厚紙などで作っても。

d 針

糸端の始末に使用。目をほどくときにも使います。

e ビーズ針

ビーズに糸を通すときに使用します。通すビーズの
大きさにより、針の種類を使い分けます。

f はさみ

糸を切るために使用。

g ほつれ止め液

糸端のほつれ止めに使用。

How To Make

初めての人はまず、

p.67~74 の Basic Technique を参照して作り方の基本を覚えましょう。

そのあと、作品を作り始める前に、

p.57~66 の Making Basic Motif を参照して、小さなモチーフを作り、

タティングレースのさまざまなテクニックやモチーフの仕上げ方を

確認しておくことをおすすめします。

Making Basic Motif 基本のモチーフの作り方

初めての人は20番くらいの太めのレース糸を使用すると作りやすいでしょう。

★図の見方はp.75を参照

リングとチェーンのフラワーモチーフ

内側のリングと外側のチェーンを
リバースワークしながら繰り返して円形に作るモチーフです。

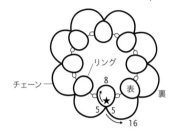

● リバースワーク

始めに作ったリングやチェーンを手前に倒して裏側にし、
次のリングやチェーンを作る。
リバースワークをした部分は表裏が逆になる。

1 Aのシャトルで内側の最初のリングを作る。

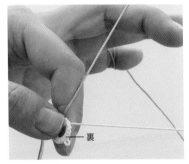

2 1のリングを手前に倒して裏側にし、Bの糸を添えてつまみ、チェーンの持ち方（p.73）にする。

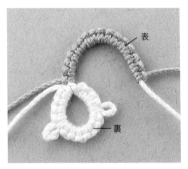

3 Aのシャトルで外側のチェーンを作る。

4 リバースワーク（リングを元の位置に戻す）でAのシャトルでリングを作る（途中で最初のリングのピコにジョイント・p.72）。

5 同様に繰り返し、最後のリングの途中で最初のリングのピコにジョイント（p.72）。これで内側のリングがつながった。

6 最後のチェーンを作ったら、作り始めと終りの同じ色の糸どうしを裏側でこま結び（p.74）して、糸端の始末をする。

リングのフラワーモチーフ

リングを途中ジョイントしながら続けて作り、
円形に仕上げるモチーフです。

右側のピコへの
ジョイント　　　最初のリング

最後の
リング

10　　2²

◉**右側のピコへのジョイント**

「ジョイント」の基本は左のピコにつなぐ通常の方法(p.72)だが、
リングの根もとが内側にあるモチーフの最後のリングを
右側にある最初のリングのピコにジョイントするときは、
特別なつなぎ方をする。

（ブルー）

左手の糸(輪)

シャトルの糸

1 リングを1個作り、根もとにすきまができ
ないように2個めのリングを作る。写真は
最初のリングのピコとジョイント(p.72)した
ところ。

最初のリング
(表側)

2 同様にして、全部で5個のリングを作り、
最後のリングの途中(最後のジョイント部分
の手前)まで作る。

最初のリング(裏側)

3 最初のリングの裏側が出るようにモチー
フを中表にたたみ、ピコが左手の糸の左側
にくるようにずらして、レース針をピコの
向う側から入れる。

4 左手の糸をピコから引き出し、その輪に
シャトルを下から通して引き締める。

最初のリング(裏側)

5 ジョイントした状態(モチーフは折りたた
んだまま)。

裏

6 残りの目を作り、折りたたんだモチーフ
を元に戻して輪を引き締める。裏側で始め
と終りの糸をこま結び(p.74)して、糸端の始
末をする。

大小のリングのフラワーモチーフ

内側に小さなリング、外側に大きなリングを
リバースワークしながら交互に作るモチーフ。
リングとリングの間の
渡し糸の間隔をそろえるのがポイントです。
また、外側の最後と最初のリングは、
右側のピコへのジョイントの方法(p.58)でつなぎます。

（白）

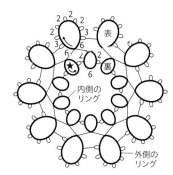

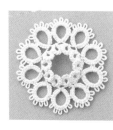

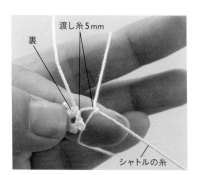

1 最初に内側の小さなリングを作り、リバースワーク(p.57)で、渡し糸分約5mmあけたところに表目を作り、外側の大きなリングを作り始める。

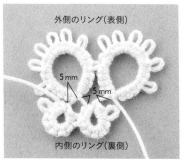

2 内側のリング、外側のリングを交互に、それぞれ前のリングのピコにジョイントしながら、渡し糸5mmの間隔をあけて作る。

3 内側の最後のリングは、最初のリングのピコに通常のジョイントでつないで輪にし、最後の外側のリングを最初のリングにジョイントする直前まで作る。

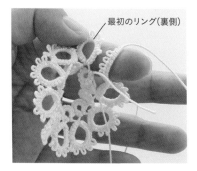

4 外側の最初のリングの裏側が出るようにモチーフを中表に折りたたみ、作りかけの最後のリングの左に最初のリング（裏側）のピコがくるようにする。

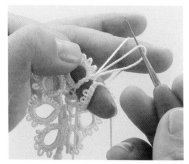

5 p.58の3のようにレース針を最初のリングのピコの向う側から入れて、左手の糸を引き出し(写真)、その輪にシャトルを下から通して引き締め、ジョイントする。

6 外側のリングがつながったら、モチーフの裏側の内側の最初のリングの根もとで作り始めと終りの糸をこま結び(p.74)して、糸端の始末をする。

中心のリングと2重チェーンのフラワーモチーフ

中心のリングのピコに、チェーンを
シャトルつなぎをしながら2周して、花びらを作ります。

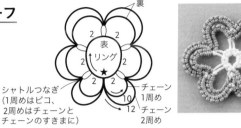

裏
表
リング
2 2 2 2
2 2
★
シャトルつなぎ
(1周めはピコ、
2周めはチェーンと
チェーンのすきまに)
チェーン
10 1周め
12 チェーン
2周め

● シャトルつなぎ
ピコ(またはチェーンとチェーンのすきまなど)から、
シャトルの糸を引き出し、
その輪にシャトルを入れて引き締めてつなぐテクニックで、
つないだ後は目が動かず、しっかりと固定される。
これに対し、「ジョイント」(p.72)はピコから
左手の糸を引き出してシャトルを通してつなぐため目が動く。

A ━◖━ (白)　B ～◉～ (ブルー)

1 Aのシャトルでリング、リバースワークで
Bの糸を添えてチェーンを10目作ったら、リ
ングの最後のピコにシャトルの爪を入れてシ
ャトルの糸を引き出し、その輪にシャトルを
下から通して引き締める。

2 シャトルつなぎができたところ。同様に
繰り返してチェーン1周めを作る。

3 チェーン1周めの最後は、まずリングの根
もとから出ているブルーの糸と白の糸をこ
ま結び(p.74)し、その結び目にレース針を差
し込んでシャトルつなぎをする。

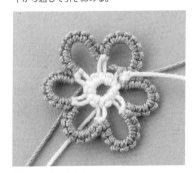

4 1周めができたところ。

5 2周めは、1周めのチェーンとチェーンの
すきまにシャトルつなぎをする。

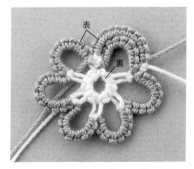

6 つながったところ。同様に1周繰り返し、
最後は**3**と同じ結び目にシャトルつなぎを
し、モチーフの裏で同じ色の糸どうしをこ
ま結びして糸端の始末をする。

ビーズを入れたフラワーモチーフ

リングのピコにビーズを入れたモチーフです。

 （白）★ビーズを4個通しておく。

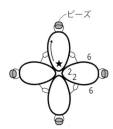

ビーズ

6

2 2

6

1 シャトルに糸を巻いた後、糸にあらかじめモチーフに使用するビーズをすべて通してシャトルに巻き込んでおく（この場合は4個）。

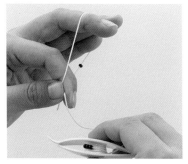

2 リングを作るときに、左手の輪の中に必要な数のビーズ（ここでは1個）を入れる。

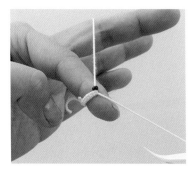

3 指定の位置にきたら、ビーズを目のところに引き寄せる。

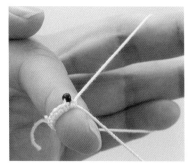

4 続けて目を作る。ピコにビーズが入った。

5 リングを完成させたところ。同様にして残りのリングを作り、フラワーモチーフを完成させる。

★ピコに後からビーズを通す方法（ジョイントするとき）

モチーフとモチーフのつなぎ目にビーズを通すには、モチーフを前のモチーフにつなげる直前に、前のモチーフの指定の位置のピコにビーズを通して、ジョイントします。
★ビーズが通る太さのレース針にビーズを通し、ピコに引っかけて、ビーズをピコに移す方法もある。

1 ピコに約7〜10cmの長さに切った糸（ミシン糸など細い糸）を通して糸端をそろえ、ビーズを通す。

2 ビーズを下に移動して、ピコにビーズを通す。

次のモチーフをジョイント

3 糸を抜き、ビーズが通った状態。このピコに次のモチーフをジョイントする。

ジョセフィンノットのフラワーモチーフ

花びらの縁に丸いジョセフィンノットの
飾りをつけたモチーフです。

● ジョセフィンノット

表目のみ、または裏目のみで円形に形作る結び方で、
縁飾りによく用いられる。シャトル2個を使用。

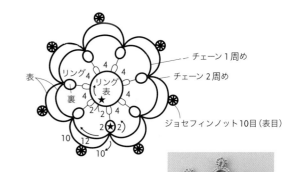

チェーン1周め
チェーン2周め
リング表
表
裏
ジョセフィンノット10目(表目)

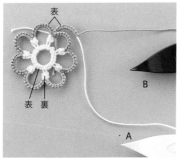

1 ジョセフィンノットの手前まで作る。このモチーフでは2周めのチェーンの途中(ここまではAのシャトルで目を作る)。

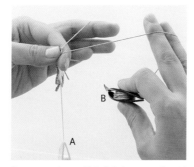

2 Bのシャトルに持ち替え(Aのシャトルは休ませる)、リングの持ち方にする。

3 表目のみを10回繰り返す。

4 ジョセフィンノットの輪を引き締めたら、Aのシャトルに持ち替えて再びチェーンを作り、前の段のリングの根もとにシャトルつなぎ。同様に順次繰り返して仕上げる。

クルニーリーフのモチーフ

左手にかけた芯の糸に
シャトルの糸を交互に通して、
葉の形に作っていきます。

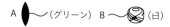

A ▮ (グリーン)　B 〜🧵 (白)

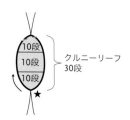

10段
10段
10段
} クルニーリーフ 30段

★

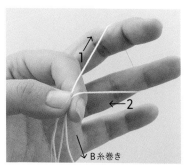

1 AとBの糸端を結んで(最初にチェーンの目を作って始めることもある)、Bの糸を中指、薬指にかけて親指と人さし指でつまむ。

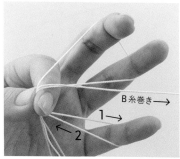

2 さらに、小指にかけてつまむ。

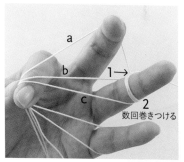

3 最後に糸を薬指に3回ほど巻きつける(糸巻きの糸は下に垂らしておく)。

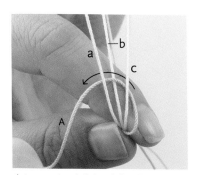

4 Aのシャトルを持ち、中指、薬指にかかったBの3本の糸(写真**3**とp.64の図のabc)に写真のようにくぐらせ、結び目のほうにしっかり寄せる(1段め)。

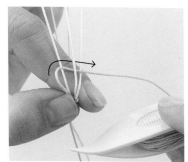

5 2段めをくぐらせ、1段めに寄せる。

6 4、5を繰り返し、下から少しずつ広くなるように、くぐらせる。糸の張りぐあいを調節しながら、10段まで作る。

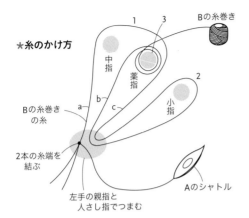

★糸のかけ方

Bの糸巻き

1
3

中指

薬指

2

小指

Bの糸巻き
の糸

a
b
c

2本の糸端を
結ぶ

左手の親指と
人さし指でつまむ

Aのシャトル

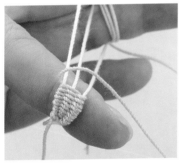

7 11〜20段めまでは、同じ幅になるように
して作る。

8 21〜30段めまでは、徐々に狭くなるよう
に作り、葉の形に仕上げる。

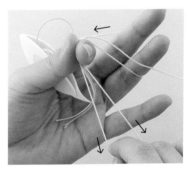

9 薬指に巻いていた糸をはずす。シャトル
を親指と人さし指の間にはさみ、小指の糸
をはずして引く。

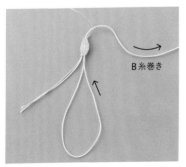

B糸巻き

10 小指の糸を引ききると中指と薬指の糸
（モチーフの縁）が引き込まれる。最後にモ
チーフを押さえながら、Bの糸をゆっくり引
く（写真の下の輪が締まる）。

Aシャトル

11 輪を引き締めてリーフモチーフを仕上げ
たところ。

12 Aのシャトルでチェーンの目を作り、リ
ーフモチーフを固定させる（写真は2目だが、
デザインにより、目数は異なる）。

見せかけのピコとシャトルつなぎのフラワーモチーフ

リングの回りにシャトルつなぎというテクニックで
チェーンを3重に重ねたモチーフ。

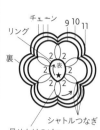

- リングの根もとに作ったピコは「見せかけのピコ」。ふつう、ピコはリングの根もとに作ることはできませんが、このテクニックではリングの回りに放射状に均等にピコを作ることができます。

- シャトルつなぎはピコ(またはチェーンの目のすきま)からシャトルの糸を引き出し、その輪にシャトルを入れて引き締めるテクニックで、つないだ後は目が動かず、しっかり固定されるのが特徴(ジョイントはピコから左手にかけた糸を引き出すので目が動く)。

- シャトルに糸を巻き、糸巻きはつけたままにしておきます。

[見せかけのピコ]

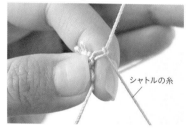

1 リング(2目おきに5個の長めのピコを)作り、手前に倒して(リバースワーク)、糸巻きの糸を左手にかけ(チェーンの持ち方)、ピコの高さの位置に、表目を作るときと同様に目を作る(ただしシャトルの糸が左手の糸に巻きつくように作る)。

2 裏目を作る(この時は、通常どおり左手の糸がシャトルの糸に巻きつくように作る)。写真は見せかけのピコができたところ。続けてチェーン9目を作る。

[シャトルつなぎ]

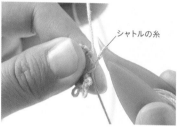

3 中心のリングのピコに手前からシャトルの爪を入れ、シャトルの糸を引き出す。

4 引き出した輪の中にシャトルを通し、引き締める。これをシャトルつなぎといい、目は動かなくなり、しっかりと固定することができる。

5 同様に繰り返して1段めのチェーンを仕上げる(最後の見せかけのピコのところも普通のピコと同様につなぐ)。続けて2段めのチェーン(10目)を作った後、チェーンとチェーンの間にレース針を入れて(写真)、シャトルの糸を引き出してつなぐ(シャトルつなぎ)。

6 つないだところ。同様に2段めを作り、3段めも続けて作って仕上げる。

スプリットリングのモチーフ

スプリットリングは半円ずつ交互に作りながら連続して
リングを作っていくテクニックです。
シャトルは2個(A、B)使って仕上げます。

- ここではわかりやすいように2色の糸を使って解説します。
- 半円は通常の目の作り方で、もう半円は通常とは逆の作り方(左手
  にかけた糸が芯になる)で、裏目、表目の順に作っていくのがポイ
  ント。コツをつかむために、最初は2色の糸で練習するといいで
  しょう。

1 Aの糸でリングの持ち方にして8目作
り、いったん手から外す。

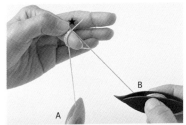

2 1の写真の★が上になるように手にか
け直す。Bの糸を添えて左手の親指と人
さし指でつまみ、、Aのシャトルは下に垂
らして、休ませておく。

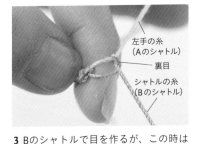

3 Bのシャトルで目を作るが、この時は
通常の目の作り方とは反対に、左手の糸
(Aの糸)が芯に、シャトルの糸(Bの糸)が
巻きつくように作り、裏目、表目の順に
作っていく。

★左手の糸を常にピンと張った状態で、シ
ャトルの糸をからませていくといい。

4 裏目と表目を交互に8目作ったところ。
巻きつけ方を通常と逆にしているため、
結び目は下向きになっている。

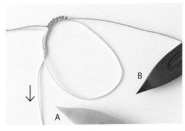

5 作り終わったら、作った目を押さえてA
のシャトルの糸を引き、輪を引き締める。

6 スプリットリングが1個でき上がったと
ころ。以降、1～5を繰り返す。

Basic Technique 基本のテクニック

 シャトルに糸を巻く

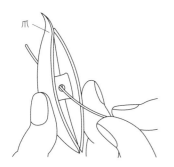

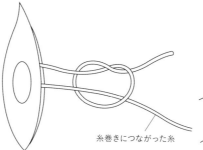

糸巻きにつながった糸

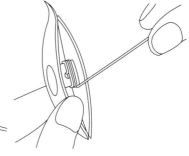

1
シャトルを爪のほうを左側にして縦に持ち、中心の柱の穴に糸を通す(穴から約5cm出す)。

2
シャトルの向う側に出した糸を中心の上側(爪側)から手前に戻し、糸巻きにつながったほうの糸にからめて結び、結び目を中心の柱に寄せる。

3
糸を手前から向う側に向かって巻く。シャトルの幅からはみ出さない程度に巻き、糸を切る(チェーンを作るときなど、糸を切らずに糸巻きをつけたままにしておく場合もある)。

**この本で使用するタティングレースの
テクニックの用語と参照ページ**

結び目を作る ここではリングを作る場合の左手の糸のかけ方を解説します。
チェーンの場合は左手の糸のかけ方が少し異なりますが、要領は同じです。

ダブルステッチ(1目)

基本の結び目(ダブルステッチ)
タティングレースは
糸を巻いたシャトルを使って、
まず、最初に表目、次に裏目と作る。
表目、裏目で1目(ダブルステッチ)、
これを繰り返して目を作っていく。

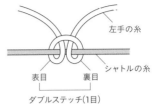

左手の糸

シャトルの糸

表目　　　　裏目

ダブルステッチ(1目)

2目作ったところ

[表目を作る]

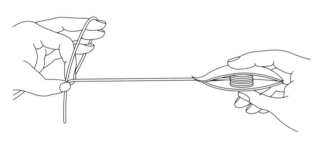

1
シャトルの糸を約30cm引き出し、糸端
から約5cmのところを左手の親指と人さ
し指でつまみ、中指、薬指、小指の外側
に糸を渡して、再び親指と人さし指でつ
まんで輪にする。シャトルは長い爪のほ
うを上にして、右手の親指と人さし指で
はさんで持つ(糸はシャトルの向う側か
ら出る)。

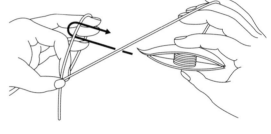

2
右手に持ったシャトル側の糸を薬指、中
指にかける(矢印はこれからシャトルの
通る道すじ)。

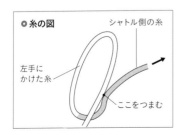

●糸の図

シャトル側の糸

左手に
かけた糸

ここをつまむ

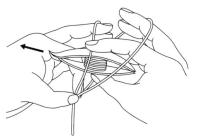 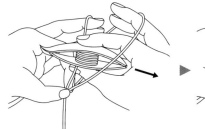 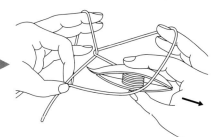

3

シャトルを左手にかけた糸(中指と人さ
し指の間)の下にくぐらせる。

★シャトルは人さし指と親指で持ったまま
進め、右手の人さし指とシャトルの間を左
手の糸がすべり抜ける。

4

シャトルを左手の糸の上から戻す。

★シャトルを同様に持ったまま、今度は右
手の親指とシャトルの間を左手の糸がすべ
り抜ける。

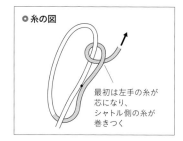

◎ 糸の図

最初は左手の糸が
芯になり、
シャトル側の糸が
巻きつく

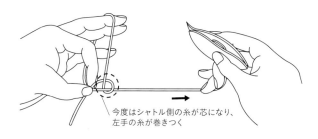

今度はシャトル側の糸が芯になり、
左手の糸が巻きつく

5

a シャトル側の糸を矢印の方向に引く
と同時に左手の中指を少し曲げて糸をゆ
るめる。糸を引くにつれて、今度はシャ
トル側の糸が芯の糸になり、左手の糸が
巻きつく。

★糸の引き方でシャトル側の糸が左手の糸
に巻きついたままになっていることがある
のでチェック。

b 左手の中指を再びのばして、糸をピ
ンと張り、できた目を左手の親指と人さ
し指の間に移動させる(表目の出来上り)。

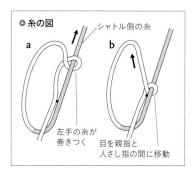

◎ 糸の図

シャトル側の糸

a

左手の糸が
巻きつく

b

目を親指と
人さし指の間に移動

続けて裏目を作ります →

[裏目を作る]

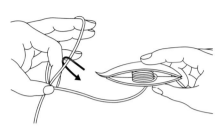 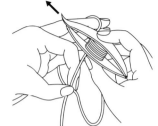 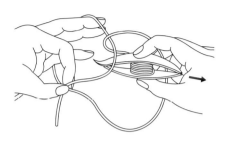

6
左手の人さし指と親指で、作った表目を
しっかりとつまむ。シャトルは表目のと
きと同様、親指と人さし指でつまんで持
つ(このとき中指、薬指には糸をかけない。
矢印はこれからシャトルの通る道すじ)。

7
シャトルを今度は左手の糸の上に進める。
★シャトルと親指の間を左手の糸がすべり
抜ける。

8
シャトルを左手の糸の下から戻す。
★右手の人さし指とシャトルの間を左手の
糸がすべり抜ける。

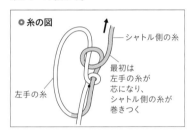

◉糸の図

シャトル側の糸
左手の糸
最初は
左手の糸が
芯になり、
シャトル側の糸が
巻きつく

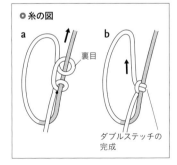

9
a シャトル側の糸を矢印の方向に引く。
表目と同様に、左手の中指を曲げて糸を
ゆるめる。シャトル側の糸を引くにつれ
て、シャトルの糸が芯になり、左手の糸
が巻きつく。
b 再び左手の中指をのばして、できた
裏目を表目のところに寄せる。これで表
目、裏目のダブルステッチ1目の完成。

◉糸の図

a 裏目   **b**

ダブルステッチの
完成

正しい結び目を作るために

★結び目は最終的にシャトル側の糸が芯
の糸になり、左手の糸が巻きついている
状態になります。最初は左手の糸が芯で、
シャトル側の糸が巻きついていますが、
最後に(表目の手順5、裏目の手順9)シャ
トルの糸を引き、左手の糸をゆるめる
ことで、シャトル側の糸がピンとのびて
芯の糸になり、左手の糸が巻きつく状態
になります。

★ダブルステッチができたら、できた目
を左手の親指と人さし指で押さえてシャ
トルの糸か、目の下側から出ている芯の
糸を引いてみて、糸がスムーズに動いた
ら正しい結び目ができています。動かな
ければ、間違った結び目になっているの
で、ほどいてやり直します(p.74参照)。

リングとチェーン　タティングレースのモチーフはリングとチェーンで構成されています。
リングは輪になるように目を作り、チェーンは直線上に目を作ります。

リング
左手に輪になるように糸をかけ、
ダブルステッチを連続して繰り返した後、
芯の糸（シャトルの糸）を引き締めて輪にしたもの。
作る方向は時計回りになる。
途中に飾り用や、隣接するリングやチェーンと
つなぐためのピコを入れることが多い。

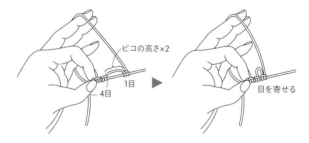

＊数字は目数を表わす（表目＋裏目で1目）。

[基本のリングの作り方]

1
リングの持ち方で指定の目数（ここでは4
目）を作る。

2
ピコを作る。
作りたいピコの高さの倍の長さの間隔
（この本の作品では通常は約3目分）をあ
けて次の1目を作り、前の目に寄せる。

3
残りの目を作る。
ピコを作った段階で1目ができているの
で、残りの3目を作って計4目ができたら、
再びピコを作る。同様にして、作り進む。
＊作っている途中で輪が小さくなってしまっ
たときは、左手にかけた状態のまま、目の下
側から出ている糸を引くと、輪が大きくなる。

4
リングを引き締める。
指定の目数を作ったら、左手からはずし、
作った目を左手の親指と人さし指で押さ
えて、芯になっているシャトルの糸を引
いて締める。リングの完成。
＊最後の目は特にしっかりと押さえ、できる
だけ目全体を押さえて引き締めると、目が
ねじれずに、きれいにリングが引き締まる。

★ゲージを
使わない方法

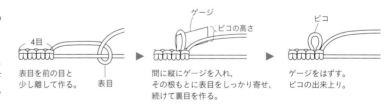

★ゲージを使って
ピコを作る方法

決まった高さの均一のピコを作るためには、市販のゲージ（p.55）を
使用するといい。ピコの高さの幅（80番の糸の場合は約2mm、
20〜60番の糸では約3mm）に。細長く切った厚紙でゲージを作っても。

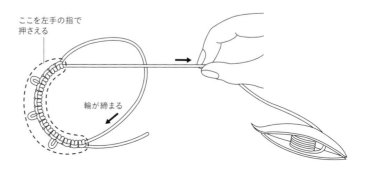

[リングをつなぐ(ジョイント)]

ピコでリングとリングをつなぐテクニックをジョイントといいます。ジョイントはリングとチェーン、チェーンとチェーンをピコでつなぐ場合にも使われます。通常は左側にある前のリングのピコにつないでいきます。

★右側にあるピコにジョイントする方法はp.58参照。

★つなぐ方法には他に「シャトルつなぎ」(p.60)があります。

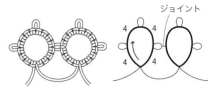

1

リングを1個作ったら、再び、左手に糸をかけて輪にして次のリングの4目を作り、最初のリングにジョイントする。ジョイントは、まず、つなぐ最初のリングのピコの手前からレース針(またはシャトルの爪)を入れて、左手の糸を引き出す。

★実際は手にかかっている状態。

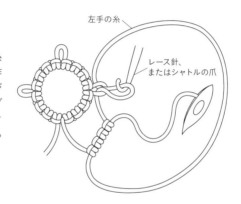

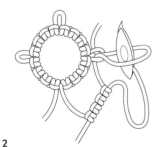

2

引き出した糸の輪の中に下からシャトルを通す。

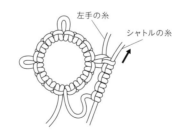

3

左手の中指をゆっくり上げ、シャトルの糸も引いて、引き出した糸の輪を締める。

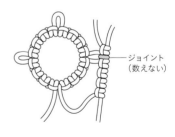

4

続けて次の目を作り進め、2個めのリングを仕上げる。

★ジョイントの場合は1目には数えないので、ジョイントの後、指定の目数を作る。

★上の図の場合はリングとリングの間に渡し糸のたるみがあるが、デザインによっては渡し糸が見えないようにすきまなく次のリングを作る場合もある。

チェーン

ダブルステッチを直線上に連続して作る。
リングとリングの間を弧になるようにつなぐ場合に
よく用いられる。
左手の糸のかけ方はリングのように輪にしないが、
目の作り方はリングと同様。
作る方向は左から右へとなる。

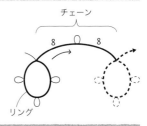

[基本のチェーンの作り方]

チェーンの場合は、左手にかける糸は糸
巻きにつなげたままにしておき、糸は輪
にせず、直線上になるように指にかけ、
糸が動かないように小指に数回巻きつけ
ておく。

★デザインによっては、シャトルを2個使い、
左手にシャトルにつなげた糸をかける場合
もある。

a 1色の糸を使い、リングに続けてチェーンを作る場合

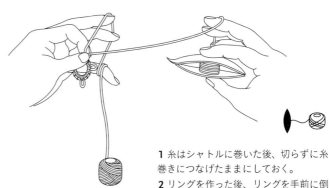

1 糸はシャトルに巻いた後、切らずに糸
巻きにつなげたままにしておく。

2 リングを作った後、リングを手前に倒
し(リバースワークp.57参照)、図のように
左手に糸をかける(糸は小指に巻きつ
け、はずれないように軽く曲げる)。リ
ングと同じ要領で、左手にかけた糸にシ
ャトルの糸をくぐらせ、表目、裏目を繰
り返してチェーンを作る。

b 2色の糸を使い、リングに続けてチェーンを作る場合

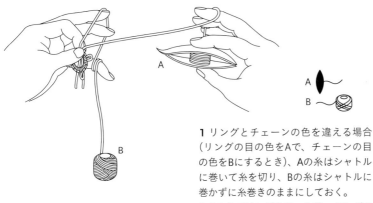

1 リングとチェーンの色を違える場合
(リングの目の色をAで、チェーンの目
の色をBにするとき)、Aの糸はシャトル
に巻いて糸を切り、Bの糸はシャトルに
巻かずに糸巻きのままにしておく。

2 Aの糸でリングを作った後、リングを
手前に倒し、図のようにBの糸を添えて
左手の親指と人さし指で一緒につまみ、
左手にかける。リングと同じ要領で表目、
裏目を繰り返してチェーンを作る。

★リングを作らずに、チェーンから作り始
める場合もある。その場合はAとBの糸をま
とめて結ぶか、あるいは結ばずにそのまま2
本の糸を左手の親指と人さし指でつまみ、
チェーンの持ち方にして作る。

🌸 作り方のポイント

[目の表と裏、作品の表と裏]

タティングレースの目には表と裏がある。ピコの根もとに結び目のへりがあるのが表、へりがなく、ピコの中心に糸が2本あるのが裏。リバースワークをする作品などは表と裏が交互になる。どちらを作品の表とするかは、その作品によって異なるが、基本的にはリングを表、チェーンを裏とするものが多い。モチーフをつなぐ場合は、表、裏を確認すること。

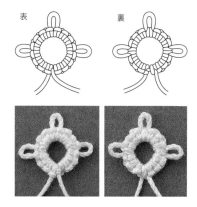

表　　　　　裏

[糸のほどき方]

目数やピコの位置、結び目を間違って作ってしまったときは、最後の結び目から順に針を入れて少しずつゆるめ、シャトルを入れてほどき、やり直す。リングの場合は同じように最後の目から順に針を入れてゆるめ、シャトルを入れてほどいて、一度締めたリングが開けるようになったら、リングをゆるめて間違えたところから作り直す。タティングレースは編み物のように簡単にほどけないので、できるだけ頻繁に確認しながら作るといい。

[糸端の始末]

作品を裏にして出ている2本の糸をこま結びにし、結び目にほつれ止め液をつけ、乾いてからはみ出した糸を切る。基本的には2段以上のモチーフでは1段仕上げるごとに糸端の始末をする。モチーフとモチーフをつなげた作品も、モチーフを1つ仕上げるごとに糸端の始末をする。

[糸のつなぎ方]

糸が残り少なくなったら、リングの根もとで、新しい糸とこま結びをしてつなぎ、糸端の始末をする。

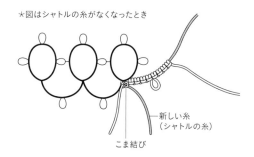

★図はシャトルの糸がなくなったとき

新しい糸
（シャトルの糸）

こま結び

◉こま結びの方法

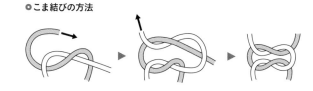

[とめ具や金具のつけ方]

とめ具はできたレースのモチーフの間やピコに丸かんを通し、イアリング金具やとめ具を通して、平ヤットコではさんでとじる。

How to Make Accessories
作品の作り方

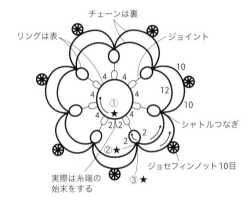

リングは表

チェーンは裏

ジョイント

10

4 4

4   4

12

10

①

4   4

シャトルつなぎ

2 2

2

②★

2

③★

ジョセフィンノット10目

実際は糸端の
始末をする

[図の見方]

★図の中の数字は目数を表わします。

★作り始めは★、作る方向は→、段数は①、②で表わします。

★チェーンやリング（目を作る部分）は太い線、
　1本の糸が渡るピコやジョイント、
　リングとリングの間の渡し糸は細い線で描いています。

★作る方向は、実際には常にリングを作る場合、
　円形のモチーフを作る場合は時計回り（右回り）、
　チェーンを作る場合は左から右へ、となります。
　図では作品の仕上りの表から見て表現しているので、
　作る方向が反対のものは、その部分（リング、チェーン）が
　裏向きになっていることを示しています。

★基本的にはリングが表、チェーンが裏となりますが、
　例外のみ、表と裏を表記しています。
　前の段やモチーフにつなぐときは、
　前の段やモチーフを表にしたままつなぐか、
　裏にしてつなぐか、確認するようにしてください。

★図は実物大ではなく、見やすい大きさで表現しています。
　リングの形などは実物と異なる場合もあります。

[糸の準備]

	シャトル＋糸	リングのみのモチーフは、シャトル1個（糸巻きにつなげておかない）で作ります。ジョセフィンノットを作る場合などデザインによっては、シャトル2個で作るものもあります。
	シャトル＋糸＋糸巻き	リングとチェーンのモチーフを作るとき（1色で作る場合）は、シャトルに糸を巻いた後、糸巻きをつなげたままにしておきます。
	シャトル＋糸 糸＋糸巻き	2色で作る場合はシャトルの糸（糸巻きにつなげておかない）でリングを作った後、左手に糸巻きの糸をかけ直してチェーンを作ります。

★ビーズを通す場合は（ジョイントの前にビーズを後から通す場合を除く）、あらかじめ糸に使用するビーズを通しておきます。
シャトルに糸を巻き、糸巻きにつなげておく場合は、糸巻きの糸にビーズを通してから、シャトルに糸を巻きます。

[材料]

＊レース糸の分量は少々です。
　色名の後の（　）内は色番号、太さは番手を表示しています
　（糸の番手の数字が大きくなるほど細くなります）。

＊ビーズは種類によっては穴が小さく、
　糸に通らないこともあるので、
　糸に通しやすいものを選んでください。

[ピコの高さ]

ピコの高さは記載していないものは、
80番の糸で約2mm、20〜60番の糸で約3mmです。
通常3目分の間隔（ピコの高さの倍の長さ）をあけて作ります。
ジョイントの時に大きめのビーズを入れるピコは、
ビーズが通せるように大きめに作っておき、
花びらの縁用などのデザインでは、作品の作り方の図に表記したサイズのピコにします。
ピコの作り方はp.71を参照してください。

[サイズ]

作る人によって仕上りの大きさが微妙に違ってきますので、
この本では各作品のサイズは記載していません。
ネックレスやブレスレットは作るモチーフの数を増減して、
ちょうどいい長さに仕上げてください。

[とめ具や金具]

ネックレスやブレスレットのとめ具は好みのものを使ってください。
イアリングはイアリング金具、ピアス金具どちらにもつけることができます。

single motif earring →p.6,7

モチーフ1つで作れるシックなアイボリーのピアスは、初心者におすすめ。
好きな色の糸で作るとまた雰囲気が変わります。

p.6のピアス

◉材料
アンカー・マーサークロッシェ 60番
アイボリー(926)
丸かん4個、ピアス金具2個

◉道具と糸

1［1段め］中心のリングを作り、最後は「見せかけのピコ」(p.65参照)を作る。
2［2段め］続けてリバースワークでチェーンを作る(途中で1段めのリングのピコにシャトルつなぎ)。糸端の始末をする。

3［3段め］リング3個を続けて作り、三つ葉モチーフを作る。続けてリバースワークでチェーンを作る(2段めのチェーンのピコにジョイント)。2個めの三つ葉モチーフは途中で前の三つ葉にジョイントして作る。これを繰り返す。最後は3段めの1つめの三つ葉モチーフの根もとにシャトルつなぎする。糸端の始末をする。
4 三つ葉モチーフの葉の中に丸かんを通し、丸かん、ピアス金具をつなげる。

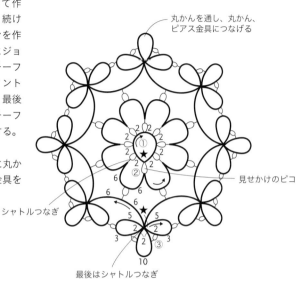

丸かんを通し、丸かん、
ピアス金具につなげる

見せかけのピコ

シャトルつなぎ

最後はシャトルつなぎ

p.7 写真上のピアス

◉材料
アンカー・マーサークロッシェ 60番
アイボリー(926)
丸かん4個、ピアス金具2個

◉道具と糸

1［1段め］Aで中心のリングを作る。糸端の始末をする。
2［2段め］Aでリングを作る(途中で裏にした1段めのリングのピコにジョイント)。続けてリバースワークでBの糸を添えてAのシャトルでチェーンの目を作り、次にBのシャトルに持ち替えてリング

3個の三つ葉モチーフを作る(途中でチェーンのピコにジョイント)。Aのシャトルでチェーンを作り、リバースワークしてAでリングを作る。これを繰り返す。最後は2段めの1つめのリングの根もとに出ている糸と最後のシャトル2本の糸を結び、糸端の始末をする。
3 三つ葉モチーフの葉の中に丸かんを通し、丸かん、ピアス金具をつなげる。

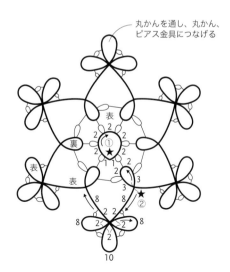

丸かんを通し、丸かん、
ピアス金具につなげる

表

裏

表

表

p.7写真中のピアス

◉ **材料**

アンカー・マーサークロッシェ 60番
アイボリー(926)
丸かん4個、ピアス金具2個

◉ **道具と糸**

A 　　B

1 [1段め]Aで中心にリングを作る。糸端の始末をする。

2 [2段め]Bでリングを作る(途中で裏にした1段めのリングのピコにジョイント)。続けてリバースワークでチェーンを作る。これを繰り返し、糸端の始末をする。

3 [3段め]Bでリングを作る(途中で裏にした2段めのリングの根もとにジョイント)。続けてリバースワークでチェーンを作る。これを繰り返し、糸端の始末をする。

4 3段めのチェーンの中に丸かんを通し、丸かん、ピアス金具をつなげる。

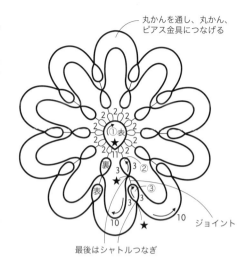

丸かんを通し、丸かん、ピアス金具につなげる

ジョイント

最後はシャトルつなぎ

p.7写真下のピアス

◉ **材料**

アンカー・マーサークロッシェ 60番
アイボリー(926)
丸かん4個、ピアス金具2個

◉ **道具と糸**

1 [1段め]リングを1個作る。続けてリバースワークでチェーンを作り、2個めのリングを作りながら1個めのリングのピコにジョイントする。これを繰り返す。

2 [2段め]続けてチェーンを作り、1段めのリングの根もとにシャトルつなぎする。これを繰り返す。

3 [3段め]続けてチェーンをピコを作りながら作る。2段めのリングの根もとにシャトルつなぎする。これを繰り返す。

4 [4段め]続けてチェーンをピコを作りながら作る。途中リバースワークしてリングを作り、3段めのピコにつなげる。チェーン、リングと作り、3段めのピコにつなげる。再びチェーンをピコを作りながら作り、3段めのリングの根もとにシャトルつなぎする(1模様め)。これを繰り返し、糸端の始末をする。

5 4段めのチェーンの中に丸かんを通し、さらに丸かん、ピアス金具をつなげる。

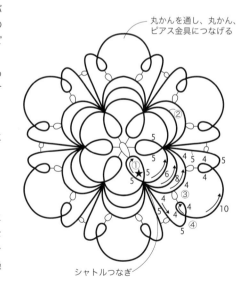

丸かんを通し、丸かん、ピアス金具につなげる

シャトルつなぎ

tassel earring → P.9

ブルーと白のコントラストがさわやかなタッセルつきのイアリング。
両耳を同じ色で作っても、片耳だけつけても楽しめます。

◎ **材料**
DMC・スペシャルダンテル 80番
　ネイビー(820)
アンカー・マーサークロッシュ 80番
　グレーアイボリー(390)
丸かん(小) 6個、丸かん(大) 2個、
イアリング金具 2個

◎ **道具と糸**

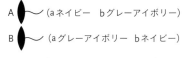

A 　　　(a ネイビー　b グレーアイボリー)

B 　　　(a グレーアイボリー　b ネイビー)

★ a ネイビーのタッセルのイアリング
b グレーアイボリーのタッセルのイアリング

1 [1段め]Aで中心にリングを作る。糸
端の始末をする。
2 [2段め]Bでリングを作る(途中、裏に
した1段めのリングのピコにジョイント
する)。リバースワークでBにAの糸を添
えてBのシャトルでチェーンを作る。次
にAのシャトルに持ち替えて三つ葉モチ
ーフ、Bのシャトルでチェーンを作る。

リバースワークしてBで2個めのリング
を作る。これを繰り返し、最後に糸端の
始末をする。
3 Aでタッセルを作る。
4 2段めのチェーン下側に丸かん(小)を
通し、タッセルの丸かん(大)をつなげる。
5 2段めのチェーン上側に丸かん(小)を
通し、さらに丸かん(小)、イアリング金
具をつなげる。

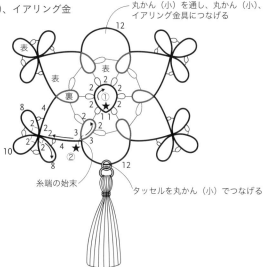

丸かん(小)を通し、丸かん(小)、
イアリング金具につなげる

糸端の始末

タッセルを丸かん(小)でつなげる

タッセルの作り方

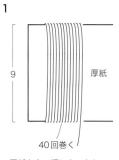

1

9　　厚紙

40回巻く

厚紙を9㎝幅にカットし、
糸を40回巻く。巻き終わったら
糸を厚紙から外す

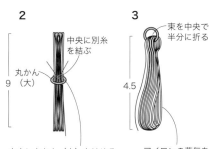

2

中央に別糸
を結ぶ

丸かん
(大)

9

中央に丸かん(大)をはめる。
丸かんは動かないようにペンチ
で押さえる。結んだ糸を外す

3

束を中央で
半分に折る

4.5

アイロンの蒸気を
当てて、糸を伸ばす

4

同じ糸を下部に
数回巻きつけて
結び、余った糸は
そのまま下に下ろす

0.5

4

下端を
切りそろえる

colorful beads earring → P.10

アイボリーのレース糸のピアスも
カラフルな色やストライプのビーズをちりばめると華やかな印象に。

写真上のピアス

◉**材料**

アンカー・マーサークロッシェ 80番
　　アイボリー(926)
極小ビーズ　24個
丸小ビーズ　10個
※ビーズの色はお好みで。
丸かん4個、ピアス金具2個

◉**道具と糸**

A 　　B

★Bのシャトルに巻く前に丸小ビーズ5個
(片耳分)を通し、シャトルの中に巻き込ん
でおく。

1[1段め]Aでリングを作る。2個のリ
ングは作りながら1個めのリングのピコ
にジョイントする。これを繰り返し、糸
端の始末をする。

2[2段め]Bでリング3個を続けて作り、

三つ葉モチーフを作る。三つ葉モチーフ
中央の葉の外側はシャトルに入れた丸小
ビーズをピコに通す(p.61「ビーズを入れ
たフラワーモチーフ」参照)。続けてリバー
スワークでチェーンを作る(途中で前段
のリングのピコに極小ビーズを通し〈p.61
「ピコに後からビーズを通す方法」〉、ジョ
イント)。2個めの三つ葉モチーフは前の
三つ葉にジョイントしながら作る(ジョイ
ント部分は極小ビーズを通す〈p.61「ピコ
に後からビーズを通す方法」〉。4個めの三
つ葉モチーフ中央は外側に丸小ビーズは
入れない)。これを繰り返す。最後は1つ
めの三つ葉モチーフの根もとにシャトル
つなぎする。糸端の始末をする。

34個めの三つ葉モチーフのリングの中
に丸かんを通し、さらに丸かん、ピアス
金具をつなげる。

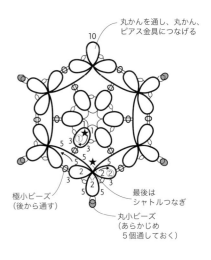

写真下のピアス

◉**材料**

アンカー・マーサークロッシェ 80番
　　アイボリー(926)
極小ビーズ　32個
丸小ビーズ　14個
※ビーズの色はお好みで。
丸かん4個、ピアス金具2個

◉**道具と糸**

★3段めを作るときにシャトルに巻く前に丸
小ビーズ7個(片耳分)を通し、シャトルの
中に巻き込んでおく。

1[1段め]中心のリングを作り、最後は
「見せかけのピコ」(p.65参照)を作る。

2[2段め]続けてリバースワークでチェー
ンを作る(途中で1段めのリングのピコ
にシャトルつなぎ)。最後に糸端の始末

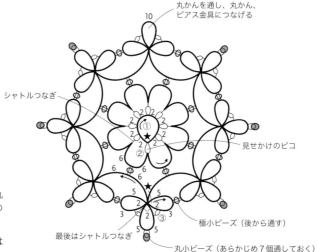

をする。

3[3段め]上記のピアスの作り方2の要
領で作る。

45個めの三つ葉モチーフのリングの中
に丸かんを通し、さらに丸かん、ピアス
金具をつなげる。

colorful beads bracelet →P.11

シンプルな小花モチーフをつなげ、外側のチェーンにビーズを通して作ります。長めに作ってネックレスにも。

◎材料

アンカー・マーサークロッシェ 80番
　アイボリー(926)
極小ビーズ、丸小ビーズ、一分竹ビーズ
69個
※ビーズの色、大きさ、形はお好みで。
丸かん2個、とめ具(引き輪、タグ)1組み

◎道具と糸

★シャトルに巻く前にビーズ6個(モチーフ1個分)を通し、シャトルの中に巻き込んでおく。

1 [フラワーモチーフ1段め]中心のリングを作り、最後は「見せかけのピコ」(p.65参照)を作る。
2 [フラワーモチーフ2段め]続けてリバースワークでチェーンを作る(途中で1段めのリングのピコにシャトルつなぎ)。チェーンの途中でシャトルに入れたビーズを入れる(p.61「ビーズを入れたフラワーモチーフ」参照)。これを繰り返し、糸

端の始末をする。
3 [フラワーモチーフをつなげる]2個めのフラワーモチーフを**1**、**2**と同様に作る(ジョイント部分はビーズを通す。p.61「ピコに後からビーズを通す方法」)。3〜10個めも同様につなげる。
4 両端のモチーフのチェーンに丸かんを通し、とめ具をつなげる。

フラワーモチーフ

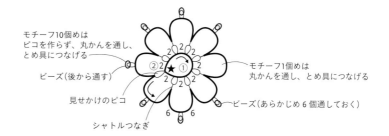

仕上げ図

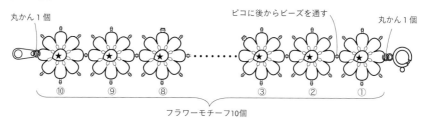

clover motif bracelet →P.12

4つのリングを組み合わせた四つ葉モチーフをつなげたブレスレット。
この四つ葉モチーフはスクエアモチーフ（p.14、15の作品）の基本になります。

アイボリーのブレスレット

◉ 材料

アンカー・マーサークロッシェ 80番
　アイボリー（926）
淡水パール（小）13個
パールビーズ（直径4mm）1個

◉ 道具と糸

1 リングを4つつなげて四つ葉モチーフを作り（リングのモチーフなので最後のつなぎ方に注意。p.58参照）、糸端の始末をする。次のモチーフにつなげるピコは、長めに作り（5〜6目分間隔をあけて目を寄せる）、淡水パールを通しておく（p.61「ピコに後からビーズを通す方法」参照）。

2 2個めのモチーフを作り、途中で1個めのモチーフとつなげる。これを繰り返して全部で14個つなげる。

3 つなげたモチーフの両端にリングととめ具用の編み玉をつける。

◉ 編み玉の作り方

かぎ針編みで作る（12号レース針を使用）。糸輪を作り、細編みで1段め、2段めをそれぞれ続けて10目で編む。3段めは1目おきに編んで5目編む。中に4mmのビーズを入れ、4段めは3目に針を入れ、一度に引き抜く。続けて2目に針を入れ、一度に引き抜く。引抜き編みが編め、2目に減った。5段めで2目に針を入れ、一度に引き抜く。輪を引き締めて糸に針を通して玉の中に入れ、余った糸を切る。

◉ 編み玉のつなぎ方

リングを作るときにまず9目作り、編み玉の中にレース針を差し込んでシャトルの糸を引き出し、その輪の中にシャトルを入れて糸を引き締める（ジョイント）。続けて9目作り、リングを締める。

仕上げ図

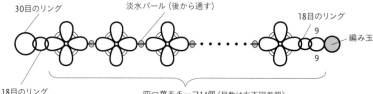

30目のリング　　淡水パール（後から通す）　　18目のリング　9　編み玉　9

18目のリング
（p.96「リングのチェーンの作り方」参照）

四つ葉モチーフ14個（目数は右下図参照）

カラフルなブレスレット

◉ 材料

DMC・スペシャルダンテル 80番
　好みの色の糸―作品は淡ピンク（225）、
　黄色（444）、緑色（702）、オレンジ色（740）、
　茶色（783）、淡水色（800）、えんじ色（917）、
　水色（927）、オレンジ色（947）、茶色（976）、
　赤（666）、黄緑（3348）
アンカー・マーサークロッシェ 80番
　アイボリー（926）
極小ビーズ　13個
丸かん4個、とめ具（引き輪、タグ）1組み

◉ 道具と糸

上記のアイボリーのブレスレットの作り方1、2と同様にモチーフを作り（色はバランスを見て配置を決める）、両端のモチーフのリングに丸かんを通し、とめ具をつなげる。

四つ葉モチーフ

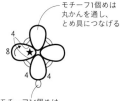

モチーフ1個めは
丸かんを通し、
とめ具につなげる

8　4　4

モチーフ14個めは
ピコを作らず、丸かんを通し、
とめ具につなげる

仕上げ図

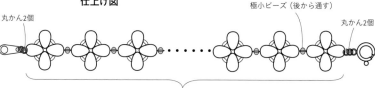

丸かん2個　　　　　　極小ビーズ（後から通す）　　　丸かん2個

四つ葉モチーフ14個　　　　　　※好みの配色でつなげる

clover motif necklace → P.13

ブルーの濃淡の糸を使い、
モチーフの間に透明感のある竹ビーズを通した軽やかな印象のネックレス。

◉材料
DMC・スペシャルダンテル 80番
　淡水色(800)、水色(927)、水色(3325)
レース糸 80番 淡青緑色
極小ビーズ 50個
二分竹ビーズ 25個
丸かん2個、とめ具(引き輪、タグ) 1組み

◉道具と糸

p.82のアイボリーのブレスレットの作り
方1、2と同様に四つ葉モチーフ(全部で26
個)を作る。ただし、モチーフの間のジョ
イント部分には極小ビーズと二分竹ビー
ズを通す。両端のモチーフのリングに丸
かんを通し、とめ具をつなげる。

四つ葉モチーフ

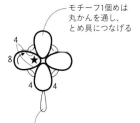

モチーフ1個目は
丸かんを通し、
とめ具につなげる

4
8
★
4　4

ピコはビーズを3個通すので長めに作る。
モチーフ26個目はピコを作らず、
丸かんを通し、とめ具につなげる

仕上げ図

丸かん1個

極小ビーズ、二分竹ビーズ、
極小ビーズの順に通す(後から通す)

丸かん1個

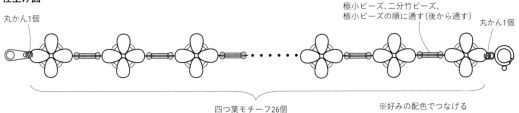

四つ葉モチーフ26個　　　　※好みの配色でつなげる

square motif ring → P.15

四つ葉モチーフをつなげて輪にするとかわいいリングに。
好きな色の組合せで作ります。
四つ葉モチーフのつなぎ方はp.84のブレスレットのスクエアモチーフと同じ要領で。

◉材料
アイボリーのリング
アンカー・マーサークロッシェ 80番
　アイボリー(926)
カラフルリング
DMC・スペシャルダンテル 80番
　緑色(368)、黄色(444)、ピンク(603)、
　水色(813)、淡水色(800)、えんじ色(917)、
　オレンジ色(947)、茶色(976)、黄緑(3348)
ブルー系のリング
DMC・スペシャルダンテル 80番
　淡水色(800)、水色(927)

◉道具と糸

1 A列の四つ葉モチーフを前のモチーフ
につなぎながら作る。最後の7個めのモ
チーフは、最初のモチーフとつないで、
輪になるようにする。

2 B列の四つ葉のモチーフを、A列の下
側ともつなぎながら作り、最後はA列と
同様に輪にする。

ピコ
A
ピコ
B

b c
a d
b c
a d

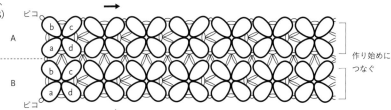

作り始めに
つなぐ

square motif bracelet → P.14

モダンな雰囲気の赤のブレスレット。
四つ葉モチーフを4個組み合わせたスクエアモチーフは、
モチーフを作っていく順番に注意して仕上げましょう。

◉ 材料

アンカー・マーサークロッシェ 80番
　　赤(9046)
丸小ビーズ 9個
パールビーズ(直径4mm) 1個

◉ 道具と糸

1 四つ葉モチーフを作り、間にビーズを通しながら(p.61「ピコに後からビーズを通す方法」参照)、4個つなげる。
2 スクエアモチーフを作る。
①の四つ葉モチーフをリングa〜dの順に作り、糸端の始末をする。リングaの途中で1の四つ葉モチーフとつなげる。
②の四つ葉モチーフは以下の順に作る。aのリングは☆から始め、4目、ピコ、4目、①のリングdのピコとつなぐ、4目、①のリングcとdのつなぎ目から糸を引き出してつなぐ、4目、輪を引き締める。以下、b〜dのリングも順に仕上げる。

★前のモチーフのつなぎ目につなぐときは、ピコとつなぐ場合と同様、つなぎ目の手前から左手の糸を引き出してシャトルを通して引き締める。このようにすると四つ葉モチーフどうしがしっかりと固定されてきれいなスクエアモチーフができる。実際にはつなぎ目の糸はほとんど見えなくなる。③と④の四つ葉モチーフも図を参照してa〜dの順に作る。
3 スクエアモチーフを同様に全部で5個作り(つなぎ目のピコにはビーズを通す)、その後、四つ葉モチーフ1個をつなぐ。両端にリングととめ用の編み玉をつけて仕上げる(編み玉の作り方とつなぎ方はp.82参照)。

スクエアモチーフ

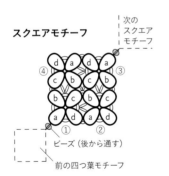

四つ葉モチーフを作る順番

①と②の四つ葉モチーフ

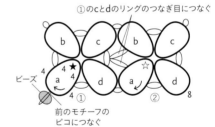

仕上げ図

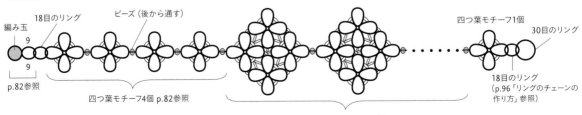

2-tone color motif necklace → P.17

赤白2色の幾何学モチーフがモダンなネックレス。
中心の十字や星形の直線模様は最初のチェーンの中心に
作ったピコにつなぎながら形作っています。

◉ **材料**

アンカー・マーサークロッシェ 80番
　グレーアイボリー(390)
DMC・スペシャルダンテル 80番
　赤(666)
アンカー・マーサークロッシェ 40番
　赤(9046)
極小ビーズ 96個

◉ **道具と糸**

2色のモチーフ(80番)

A 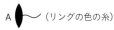 (リングの色の糸)

B 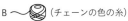 (チェーンの色の糸)

1色のモチーフ(80番)

飾り玉

C (赤80番)

ひも

D (赤40番)

E (赤80番)

F (赤80番)

★モチーフの色(使う糸の色)は、p.17の作
品写真を参照。
★飾り玉モチーフを作るときはCのシャト
ルを巻く前にビーズ24個(モチーフ1個分)
を通し、シャトルの中に巻き込んでおく。

1 [六角形モチーフ](仕上げ図の❶❺⓬)
[五角形モチーフ](仕上げ図の❼)[四角
形モチーフa、c](仕上げ図の❷❸❿⓫)
2色のモチーフの場合—Aで三つ葉を作
る。続けてリバースワークでBの糸を添
えてAでチェーンを作る。2個めの三つ葉
モチーフはAで1個のピコにジョイント
しながら作る。続けてAでリバースワー
クでチェーンを作り、1個のチェーン
のピコにジョイントしながら作る。これ
を繰り返し、糸端の始末をする。
★1色のモチーフの場合は、糸巻きにつな
がった糸で同様に作るが最後は1個めの
三つ葉モチーフの根もとにシャトルつなぎ。

2 [四角形モチーフb](仕上げ図の❹⓭)
[三角形モチーフ](仕上げ図の❻❽❾)
Aで三つ葉を作る。続けてリバースワー
クでBの糸を添えてAでチェーンを作る。

2個めの三つ葉モチーフは1個のピコに
ジョイントしながら作る。続けてリバー
スワークでチェーンを作る。これを繰り
返し、糸端の始末をする。

3 [飾り玉モチーフ]Cで4個作る。p.114
「ベリーモチーフ」と同様に作る。

4 [ひも] p.86の「ひもの作り方」を参照し
て好みの長さ(作品は約25cm)のひもを
作る。最後にDでリングを作り、糸端を
始末する。これを2本作る。

5 Aで15目のリングをつなげながら(p.96
「リングのチェーンの作り方」参照)、モ
チーフと飾り玉モチーフをつなぐ。リン
グの個数は仕上げ図参照。Aの糸の色は
モチーフ❼と❽をつなぐリングのみ赤、
その他はグレーアイボリー。

六角形モチーフ　　　　　　五角形モチーフ

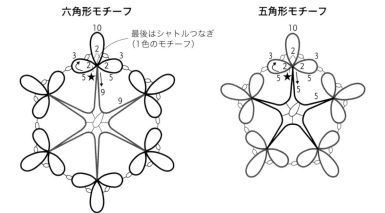

四角形モチーフ a

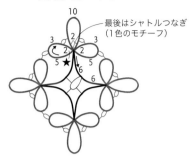

最後はシャトルつなぎ
(1色のモチーフ)

四角形モチーフ b

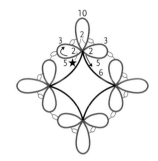

四角形モチーフ c

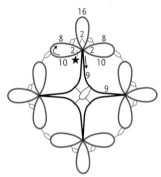

三角形モチーフ

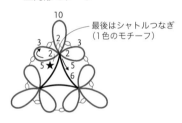

最後はシャトルつなぎ
(1色のモチーフ)

ひもの作り方

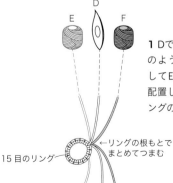

15目のリング

←リングの根もとで
まとめてつまむ

1 Dでまずリングを作り、図のようにリングを手前に倒してE、Fの糸をその両側に配置し、左手で3本一緒にリングの根もとでつまむ。

2 続けてEの糸をチェーンの持ち方にし、Dのシャトルでチェーン1目(表目+裏目)を作る。次に作った目の天地を返し、今度はFの糸をチェーンの持ち方にして、Dのシャトルでチェーン1目を作る。EとFの目が逆向きになる。これを交互に繰り返して作る。

3 Dで15目のリングを作る。

4 作り始め、終りの糸端の始末は、まず、DとF、次にEとDの糸をそれぞれこま結びし、それぞれの糸を針に通して、できたひもの中に何針か刺して始末し、ほつれ止め液をつける。

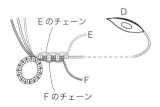

Eのチェーン

E

F

Fのチェーン

D

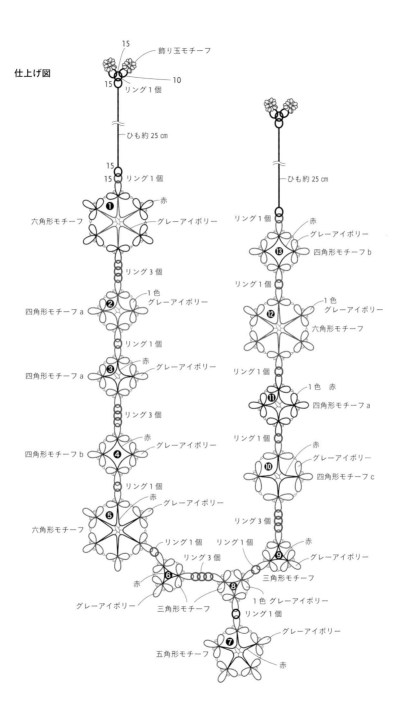

仕上げ図

15
飾り玉モチーフ
15
10
リング1個

ひも 約25 cm

15
リング1個
15

❶ 赤
六角形モチーフ グレーアイボリー

リング3個

❷ 1色
グレーアイボリー
四角形モチーフ a

リング1個

❸ 赤
四角形モチーフ a グレーアイボリー

リング3個

❹ 赤
四角形モチーフ b グレーアイボリー

リング1個

❺ 赤
グレーアイボリー
六角形モチーフ

リング1個 リング1個
リング3個
❻ ❽ 三角形モチーフ
赤 1色 グレーアイボリー
グレーアイボリー リング1個
三角形モチーフ

❼ グレーアイボリー
五角形モチーフ
赤

リング1個 赤
グレーアイボリー
❸ 四角形モチーフ b

リング1個

❷ 1色
グレーアイボリー
六角形モチーフ

リング1個

⓫ 1色 赤
四角形モチーフ a

リング1個

❿ 赤
グレーアイボリー
四角形モチーフ c

リング3個

❾ 赤
グレーアイボリー

Simple flower bracelet → P.18

シンプルなフラワーモチーフをチェーンでつなげながら作ったブレスレット。両端にはレース針で編んだ玉をつけています。

◉ **材料**
アンカー・マーサークロッシェ 60番
　グレーアイボリー(390)
パールビーズ(直径4mm) 2個

◉ **道具と糸**

1 編み玉を2個作る(p. 82「編み玉の作り方」参照)。
2 1個の編み玉の編み目の端にレース針を差し込んで糸を引き出し、シャトルを入れて輪を引き締める。これで編み玉と糸が固定される(下の図参照)。
3 チェーンで結びひもの部分を作る(長さは好みで決める)。

4 フラワーモチーフを作る。中心のリングを作ったら、リバースワークで回りのチェーン(花びら部分)を作る。リングのピコにシャトルつなぎをしながら1周し、最後はリングの作り始めの根もとにレース針を差し込んでシャトルつなぎをする。
5 続けてチェーン20目を作り、次のモチーフを作る。次のモチーフを作るとき、リバースワークをして作るもの、リバースワークをしないで作るものをバランスを見ながら交ぜて作る。こうすることで花の向きがあちこちになり、動きが出る。
6 同様に繰り返してモチーフを12個作り、再び結びひもの部分をチェーンで好みの長さに作ったら、シャトルの糸を2と同様にもう1つの編み玉から引き出して、シャトルを通し、引き締める。糸を5cmくらい残して切って、2本の糸を針に通して、編み玉の中に一度通し、出てきた2本の糸をこま結びして、編み玉の中に引き入れ、残った糸を切る。

フラワーモチーフ

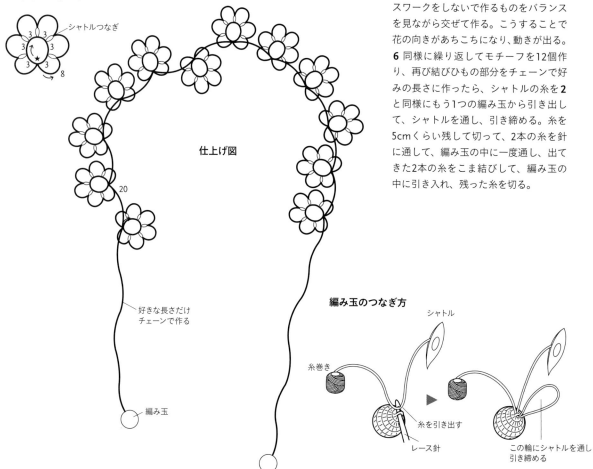

仕上げ図

編み玉のつなぎ方

round flower necklace →P.19
round flower bracelet →P.19

1個めのリングの上部のピコ(モチーフの中心になる)に
他の5つのリングをジョイントさせながら外側のチェーンも作り、
丸く仕上げていきます。
ネックレスは外側のチェーンが1重、ブレスレットは2重にしています。

◉材料
アンカー・マーサークロッシェ 80番
　アイボリー(926)
ビーズ(モチーフの数ひく1個必要)、
[ネックレス]
　丸かん2個、とめ具1組み
[ブレスレット]
　丸かん2個、とめ具1組み

◉道具と糸

ネックレス

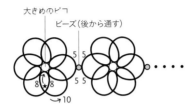

大きめのピコ
ビーズ(後から通す)
5 5
5 5
8 8
→10

1 1個めのモチーフの最初のリングを作
る(上部には大きめのピコを作る)。次に
リバースワークでチェーンを作り、再び
リバースワークでリングを作り、途中、
1個めのリングのピコにジョイントする。

ピコ
★

2 同様にして、チェーンを作りながら、
リング6個(すべて1個めのリングのピコ
にジョイント)を作り、糸端の始末をする。
★チェーンの1か所には次のモチーフを
つなぐためのピコ(ビーズを入れるため
少し大きめにする)を作る。
3 2個めのモチーフを作り、途中で1個め
のモチーフのピコとジョイントする。
この時、ピコにはビーズを通す(p. 61「ピ
コに後からビーズを通す方法」参照)。
4 好みの長さになるまでモチーフをつな
ぎ、両端に丸かん、とめ具をつけて仕上
げる。

ブレスレット

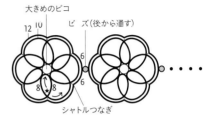

大きめのピコ
12 10
ビーズ(後から通す)
6
6
8 8
シャトルつなぎ

1 ネックレスと同様にモチーフを作る。
チェーンを1周作ったら、2周めのチェー
ンを作り、リングの根もとの1周めのチ
ェーンとチェーンのすきまにシャトルつ
なぎをしながら仕上げる。
★チェーンの1か所には次のモチーフを
つなぐための大きめのピコを作る。
2 モチーフとジョイントするときはビーズ
を通し(ネックレスの作り方**3**を参照)、
好みの長さになるまでモチーフをつな
ぎ、両端に丸かん、とめ具をつけて仕上
げる。

89

flower garden earring →P.20
flower garden brooch →P.20
flower garden necklace →P.21

かわいらしい形のフラワーモチーフは1個でピアスやイアリングにしたり、
数個組み合わせて華やかなブローチやネックレスにしたり、
バリエーションが楽しめます。

◎材料
アンカー・マーリークロッシェ 60番
アイボリー(926)
[ピアス2種]
　丸かん、ピアス金具 各1個、チェーン 各1本
[ブローチ]
　丸かん、ブローチピン 各1個
[ネックレス]
　丸かん2個、チェーン2本、とめ具1組み

◎道具と糸

小さなモチーフ

フラワーモチーフ

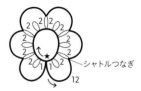

シャトルつなぎ

12

ピアス(フラワーモチーフ1個+小さなモチーフ1個)

1 フラワーモチーフの中心のリングを作
る。

シャトルつなぎ

2 リバースワークで、外側のチェーンを
作り、ピコとシャトルつなぎをする。同
様に繰り返す。

3 1周したら、最後はリングの作り始め
の根もとにシャトルつなぎをする。糸端
の始末をして仕上げる。

4 小さなモチーフを作る。1個めのリン
グで5目作った後、チェーン(金具)とジ
ョイントし(チェーンにレース針を入れ、
左手の糸を引き出してシャトルを通して
固定する)、5目作って輪を引き締める。
続けて10目のリングを全部で4個作り、
糸端の始末をする。

5 丸かんにフラワーモチーフの外側のチ
ェーンとピアス金具と小さなモチーフの
チェーン(金具)を通してつなげる。

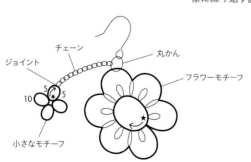

チェーン
ジョイント
丸かん
フラワーモチーフ
10
5　5
小さなモチーフ

ピアス（フラワーモチーフ4個＋小さなモチーフ1個）

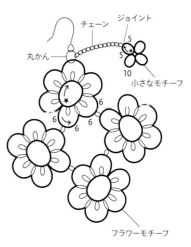

1 フラワーモチーフ（p.90参照）を1個作り、糸端の始末をする（外側のチェーンには隣のモチーフにつなぐためのピコを作る）。

2 2個めのモチーフの中心のリングを作り、外側のチェーンのところで、1のモチーフのピコとジョイントする。この時、チェーンはリバースワークで裏になっているので、1のモチーフは裏側にしてつなぐ。

3 3個め、4個めのモチーフも同様にして前のモチーフとジョイントしながら作る。小さなモチーフも作って、ピアス金具に丸かんでつなげる（p.90の**4**、**5**参照）。

ブローチ

1 p.92の図を参照して真ん中の小さなモチーフを作り、糸端の始末をする。

2 フラワーモチーフを1個作った後、チェーンを作り（リバースワークはしない）、途中で**1**の小さなモチーフにジョイントする。

3 続けて2個めのモチーフを作り、**2**と同様に**1**の小さなモチーフにジョイントしながら、全部で6個作る。ブローチピンに丸かんでつなげる。

フラワーモチーフ

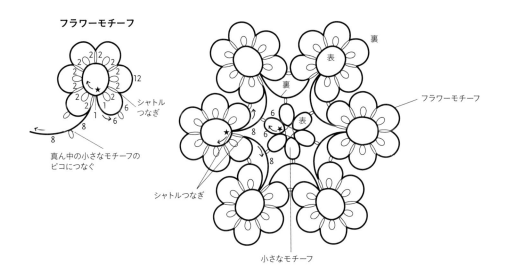

12
シャトル
つなぎ

裏
表
裏
表

フラワーモチーフ

シャトルつなぎ

小さなモチーフ

真ん中の小さなモチーフの
ピコにつなぐ

ネックレス

フラワーモチーフ
（両端のモチーフのピコの位置は右の図参照）

12

1 フラワーモチーフを1個作り、糸端の
始末をする。

2 2個め以降のモチーフも前のモチーフ
のピコにジョイントしながら作る。全部
で8個つなげる。

3 小さなモチーフを、**2**のモチーフとジ
ョイントしながら作る。チェーン（金具）
とつなぐところは、p.90ピアスの作り方
4参照。

4 チェーン（金具）に丸かん、とめ具をつ
ける。

仕上げ図

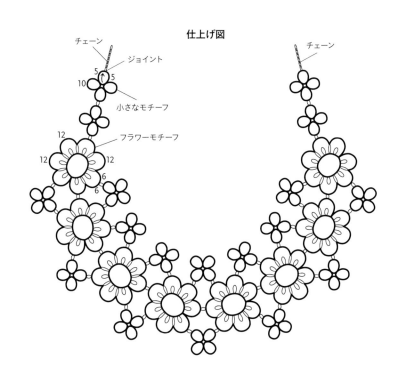

チェーン
ジョイント
チェーン
小さなモチーフ
フラワーモチーフ

marguerite bouquet corsage → P.22

花心にビーズを入れたマーガレットのブーケコサージュ。
花びらやがくはリングを連続して作り、まとめています。

◎材料

アンカー・マーサークロッシェ 20番
　アイボリー(926)
DMC・コットンパール 8番
　緑色(580)
DMC・スペシャルダンテル 80番
　黄色(444)
極小ビーズ 192個
ブローチピン 1個

◎道具と糸

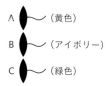

A ━━━ (黄色)
B ━━━ (アイボリー)
C ━━━ (緑色)

★花心を作るときはAを巻く前に花心(大)
はビーズ24個、花心(小)はビーズ16個(モ
チーフ1個分)を通し、シャトルの中に巻
き込んでおく。

1 [花心(大)]Aの糸端を15cm残し、小さ
いリングを作る。ピコにビーズを通しな
がらリングを作る。ビーズを通したピコ
4個にレース針を差し込み、ピコをまと
める。シャトルの糸に針を引っかけ、ピ
コの中からシャトルの糸を引き出し、シ
ャトルを通して糸を引き締める。何度か
繰り返し、丸い形に整える。

2 [花びら(大)]Bの糸端を15cm残し、1
個めのリングを作る。続けて2個めのリ
ングを作りながら1個めのリングにジョ
イントする。これを繰り返し、最後のリ
ングと1個めのリングをジョイントし、
輪にする。糸端を15cm残す。

3 [がく(大)]Cの糸端を15cm残し、1
個めのリングを作りながら花びら(大)の根
もとにジョイントする。続けて2個めの
リングを作りながら花びら(大)の根もと
(1個とばし)と1個めのリングにジョイン
トする。これを繰り返し、最後のリング

と1個めのリングをジョイントする。シ
ャトルをつけたままにしておく。

4 3に花心を中央に通し、中に入れる。
残した糸をまとめて持ち、リバースステ
ッチをし、茎を作る。
★リバースステッチ 芯糸に裏目のみを
繰り返してひも状に作るテクニック

5 花びら(小)、花心(小)、がく(小)も1
〜3と同様に作り、4と同様に茎を作る。
花(大)を6本、花(小)を3本作る。

6 茎の根もとから上に向かって木工用
ボンドをつけてなじませ、茎がまっすぐ
になるように軽く引っ張って整える。ボ
ンドが乾いて透明になったら余った糸を
切る。

7 花を束ね、根もとに緑色の糸で目立
たないように適宜結ぶ(結んだ後、ほつ
れ止め液をつけて糸を切る)。緑色の糸
でブローチピンを結んでつける。ほつれ
止め液をつけて固める。

花びら(大) アイボリー 6枚

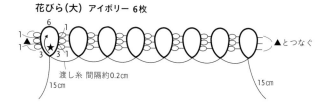

花びら(小) アイボリー 3枚

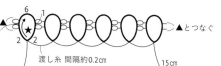

花心(大) 黄色 6個

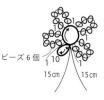

がく(大) 緑色 6枚

花びら(大)の根もとに
1個とばしでジョイント

花心(小) 黄色 3個

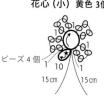

がく(小) 緑色 3枚

花びら(小)の根もとに
1個とばしでジョイント

93

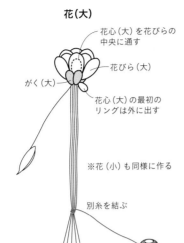

花(大)

花心（大）を花びらの中央に通す

花びら（大）

がく（大）

花心（大）の最初のリングは外に出す

※花（小）も同様に作る

別糸を結ぶ

がくを作ったシャトルのついている糸以外の5本の糸をまとめ、
茎の端に近い部分を糸巻きにつながった別の糸で結んでおく
（これは、後の作業をしやすくするため）。
5本の糸を左手にかけ（チェーンの持ち方）、
がくを作ったシャトルでリバースステッチ（裏目のみを繰り返す）をして茎を作る。

autumn color bouquet corsage → P.22

大中小、それぞれの大きさのリングを連続して作り、
最後に重ねてボリューム感を出しています。

◉材料

DMC・コットンパール　8番
　生成り（ECRU）、茶色（301）、黄色（444）、
　緑色（500）、水色（927）、淡水色（747）、
　淡黄緑（3813）
ブローチピン　1個

◉道具と糸

花（大・中・小）

（各色）

リボン

A （生成り）

B、C （生成り）

★花（大）は花びら（大）（中）（小）、花心、がく
（大）を作る→生成り　1本
花（中）は花びら（中）（小）、花心、がく（小）を
作る→生成り、茶色、黄色、緑色、水色、
淡水色、淡黄緑　各1本
花（小）は花びら（小）、花心、がく（小）を作る
→生成り、淡水色　各1本
★各花の花びら、花心、がくはすべて同色で
作る。

1　［花心］糸端を15cm残し、リングを作る。
糸端を15cm残す。

2　［花びら（大）（中）（小）］糸端を15cm残し、
1個めのリングを作る。続けて2個めのリ
ングを作りながら1個めのリングにジョ
イントする。これを繰り返し、最後のリン
グ（大は6個め、中は5個め、小は5個め）
のリングと1個めのリングをジョイント
し、輪にする。糸端を15cm残す。

3　［がく（大）（小）］p.93と同様に作り、外
側の花びらの根もとにジョイントする。

4　花びらを順に重ね、花心を中央に通し、
中に入れる。3で残した糸でリバースス
テッチ（p.93参照）をし、茎を作る。花（大）
を1本、花（中）を7本、花（小）を2本作る。

5　茎の根もとから上に向かって木工用ボ
ンドをつけてなじませ、茎がまっすぐにな
るように軽く引っ張って整える。ボンドが
乾いて透明になったら余った糸を切る。

6　花を束ね、根もとに生成りの糸で目立
たないように適宜結ぶ（結んだ後、ほつ

れ止め液をつけて糸を切る）。生成りの
糸でブローチピンを結んでつける。最後
にスプレーのりをさっとかけて固める。

7　リボンはA、B、Cの糸を3本まとめて結
び、AのシャトルでB、Cの糸巻きの糸を
チェーンの持ち方にして交互に1目ずつ
（表目＋裏目）繰り返してひも状に作る（p.
86「ひもの作り方」参照）。好みの長さに作
り、最後は糸3本をまとめて結び、糸端を
約0.5cm残して切る。作り始めも同様に
する。6のコサージュの根もとに結ぶ。

花心 10枚

10

15cm　15cm

花びら(大) 1枚

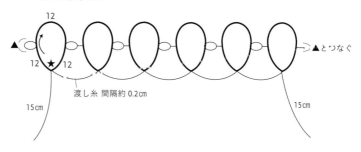

12

12　12

渡し糸 間隔約 0.2cm

▲とつなぐ

15cm

15cm

花びら(中) 8枚

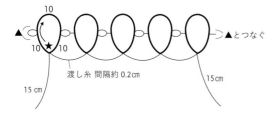

10

10　10

渡し糸 間隔約 0.2cm

▲とつなぐ

15cm

15cm

花びら(小) 10枚

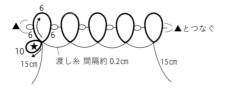

6

6　6

10

15cm

渡し糸 間隔約 0.2cm

▲とつなぐ

15cm

花(大)

花びら(大)、(中)、(小) の順に重ねる。
中央に花心を通す。

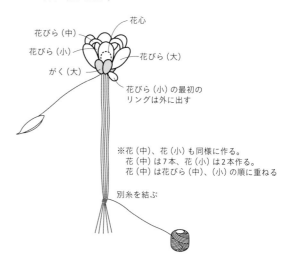

花心
花びら(中)
花びら(小)
花びら(大)
がく(大)
花びら(小) の最初の
リングは外に出す

※花(中)、花(小) も同様に作る。
花(中) は7本、花(小) は2本作る。
花(中) は花びら(中)、(小) の順に重ねる

別糸を結ぶ

chain necklace → P.24

おしゃれなチェーンネックレスも実はリングの組合せでできています。
糸端の始末をしたリングに糸を通してリングを作り、次々と作っていきます。
リングの大きさを変えたり、糸の色を変えて、バリエーションを楽しみましょう。

◉材料
フジックス・タイヤー
　絹手縫い糸9号
　ピンクの濃淡(140、141、142)、
　赤
オリヅル・絹手縫い糸9号
　オレンジ(176)

◉道具と糸

リング(20〜30目、好みの大きさの目数)
を1つ作り、糸端の始末をする。このリ
ングにシャトルの糸を通し、再び同じ目
数のリングを作って、糸端の始末をする。
これを好みの長さになるまで繰り返し、
最後に最初のリングとつなげて仕上げる。

リングのチェーンの作り方

20〜30目のリング

糸を通して新たなリングを作る

yukiyanagi bracelet, earring → P.25

リングとチェーンを繰り返して作る初心者におすすめの作
品。ピコのないリングの1連と、ピコのある華やかなリング
の1連を組み合わせて、より繊細に仕上げています。

◉材料
アンカー・マーサークロッシェ　80番
　グレーアイボリー(390)
［ブレスレット］
　丸かん2個、とめ具1組み
［ピアス］
　ピアス金具(キャッチタイプ) 2個

◉道具と糸

ブレスレット
1 ピコのないリングの1連を作る。
10目のリングを1〜3個続けて作り、その
後チェーンを2〜8目作り、これを繰り返
す(要領はp.98のネックレスの作り方**1**と
同様)。好みの長さに作り(作品は
16cm)、最後はリングを作って糸端の始
末をする。

3 **1**と**2**を合わせて両端に丸かんととめ具
をつける。
ピアス
ブレスレットと同様にピコのないリング
の1連とピコのあるリングの1連(それぞれ
約7cm分)を作り、2本まとめて連の中心
のリングにピアス金具を通す。

10目のリング

2 ピコを入れたリングの1連を作る。
10個の長めのピコ(6目分の間隔をあけて
目を寄せる)のあるリングを作り、続け
てチェーンを5目作る。これを繰り返し
て好みの長さ(作品は17cm)に作り、最後
はリングを作って糸端の始末をする。

1目作ったあと、ピコを10個続けて作り、
リングを締める

5

チェーン

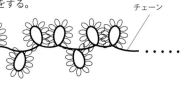

pearl lariat →P.47
pearl bracelet →P.47

小さな淡水パールをちりばめた繊細なラリエットとブレスレット。
淡水パールをあらかじめ糸に通しておき、
1粒ずつ結び目の間に移動させながら、目を作っていきます。

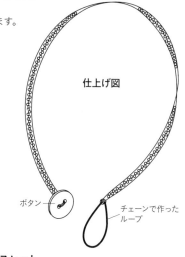

仕上げ図

ボタン

チェーンで作った
ループ

◎材料
アンカー・マーサークロッシェ　80番
　アイボリー(926)
淡水パール
　小、中(ラリエットのフリンジの先)
[ブレスレット] 貝ボタン

◎道具と糸

A
B
C

★Cの糸巻きの糸にはあらかじめ使う分の淡
水パール小を通しておく。

ラリエット
1 下の図のように3本を合わせて、固結
びをする。この時、端は後でビーズを通
すので長めに残しておく。

2 淡水パールを1個、結び目のほうに下
げる。Aのシャトルを持ち、Cの糸巻き
の糸をチェーンの持ち方にして、チェー
ンを1目作る。

3 淡水パールを1個同様に下げる。今度
はBのシャトルに持ち替え、Cの糸巻き
の糸をチェーンの持ち方にして、チェー
ンを1目作る。

4 2、3を繰り返し、好みの長さまで作る。
作り終わったら、3本をまとめて結び、
長めに残して切る。

5 両端の3本の糸1本ずつに細い針を通し
て、淡水パール(小)を数個通し、その後、
淡水パール(中)を1個、淡水パール(小)
を1個通す。そこで何度かこま結びをし
てパールの下に結び目を作って固定し、
針で何個かパールの中に糸を戻し入れ、
残った糸を切る。

ブレスレット
1 ラリエットと同様に好みの長さまで作
り(最初の糸は長めに残しておく)、最後
は3本をまとめて結ぶ。シャトルの糸1本
を持ち、残りの糸を束ねてチェーンの持
ち方にして左手にかけ、ボタンがかけら
れる程度の長さのチェーンを作る。糸を
10cmほど残して切って針に通し、作った
ブレスレットの根もとに何回か刺してこ
ま結びをし、ほつれ止め液をつけて切る。

2 作り始めの糸3本に針を通し、貝ボタ
ンに通し、作ったブレスレットの根もと
に針で何度か刺して、こま結びをし、ほ
つれ止め液をつけて糸を切る。

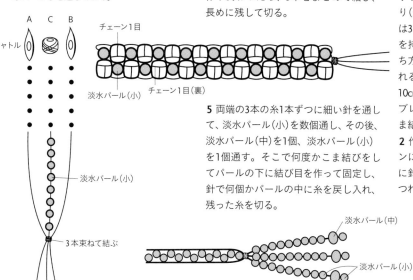

A　C　B

シャトル

チェーン1目

チェーン1目(裏)

淡水パール(小)

淡水パール(小)

3本束ねて結ぶ

淡水パール(中)

淡水パール(小)

mimosa necklace → P.27

ミモザの軽やかな花をタティングレースのリングで表現します。
葉の1連はリングにピコを作って軽やかに仕上げます。

◉材料
DMC・スペシャルダンテル　80番
　黄色(444)、黄緑(3347)
丸かん2個、とめ具(フック、リング)1組み

◉道具と糸

A （黄色）

B （黄緑）

C （黄緑）

D （黄緑）

1 [ミモザを作る]まずAでリングを1個作る。次にBの糸を添えてチェーンを好みの長さを作り、再びリングを2〜4個作る。これを繰り返し、好みの長さまで作る(作品は約40cm)。最後はチェーンを作り、リングを1個作る。糸端を始末する。小花をちりばめたように作るには、リングを2、3個続けて作ったあとにチェーンの表目をまず作り、次にシャトルの糸をリングとリングの間に渡してから裏目を作る(こうすることでリングとリングが分かれてあちこち向くようになる)。

2 [葉を作る]Cで作る。ピコのあるリングを1個作る。続けてチェーンを好みの長さ、ピコのあるリングを1個作る。これを繰り返し、好みの長さまで作る(作品は約40cm)。最後はチェーンを作り、ピコのあるリングを1個作る。糸端を始末する。

3 Dの糸をあらかじめ1のミモザ、2の葉の端のリングと丸かん1個に通しておき、リングを1個作る(こうすることで、2連のモチーフをリングでまとめることができる)。反対側の端も同様に作る。

4 両端の3のリングに丸かんを通し、とめ具をつなげる。

仕上げ図

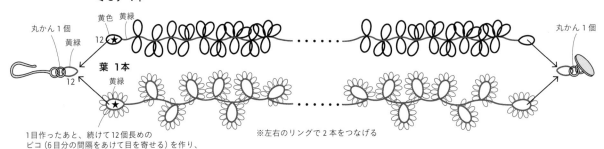

ミモザ 1本

丸かん 1個

黄緑

黄色 黄緑

12

葉 1本

黄緑

12

1目作ったあと、続けて12個長めのピコ(6目分の間隔をあけて目を寄せる)を作り、リングを締める

※左右のリングで2本をつなげる

丸かん 1個

mimosa brooch → P.27

ネックレスと同様のテクニックで作るミモザブローチ。
花と葉の長さはこんもりとボリュームが出るようにバランスを見ながら調節してください。

◉**材料**
DMC・スペシャルダンテル　80番
　黄色（444）、黄緑（3347）
丸かん（小）2個、丸かん（大）1個、ブローチピン　1個

◉**道具と糸**

A （黄色）

B （黄緑）

C （黄緑）

1［ミモザを作る］Aでリングを1個作る。続けてBの糸を添えてチェーンを好みの長さ、続けてリングを2～4個作る（作るポイントはp.98の作り方**1**を参照）。これを繰り返し、好みの長さまで作る（作品は4～10cm）。最後はチェーンを作り、リングを1個作る。糸端を始末する。同様に6本作る。

2［葉を作る］Cで作る。ピコのあるリングを1個作る。続けてチェーンを好みの

長さ、ピコのあるリングを1個作る。これを繰り返し、好みの長さまで作る（作品は4～10cm）。最後はチェーンを作り、ピコのあるリングを1個作る。糸端を始末する。同様に2本作る。

3各モチーフを丸かん（小）に通す。長さのあるモチーフは好みの長さで二つ折りにし、折ったところのリングに丸かんを通す。丸かん（大）でブローチピンとつなげる。

仕上げ図

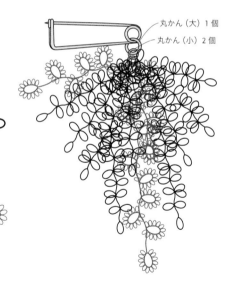

丸かん（大）1個
丸かん（小）2個

ミモザ　6本

黄色　黄緑
12

葉　2本

黄緑

1目作ったあと、続けて12個長めのピコ（6目分の間隔をあけて目を寄せる）を作り、リングを締める

edging pattern hair accessory →P.28

三つ葉モチーフの連続模様のヘアバンドです。
三つ葉モチーフはエジング（縁飾り）によく使われる
モチーフで、この作品ではピコをいくつもあしらったり、
ビーズを入れたりして装飾的にアレンジしています。

◎ **材料**
アンカー・マーサークロッシェ 60番
　　グレーアイボリー(390)
極小ビーズ
丸かん 4個、リング（直径13mm）2個
リボン 幅1.5cm 80cm

◎ **道具と糸**

1 1段めのリング3個を続けて作り、三つ葉モチーフを作る。リバースワークでチェーンを作る。チェーンのピコは2段めとつなぐため、大きめに作る。これを繰り返して好みの長さに作ったら、糸端の始末をする。
2 2段めを作る。1個のリングの途中と、チェーンのところ、最後のリングの途中で、1段めのピコにジョイントする。チェーンには、真ん中の2個のピコにビーズを通す（p. 61「ピコに後からビーズを通す方法」参照）。最後まで作ったら、糸端の始末をする。
3 1段めと2段めのモチーフの端のリングにそれぞれ丸かんを通し、リング（金具）につなげ、リボンを通して少し折り返し、ステッチでとめる。

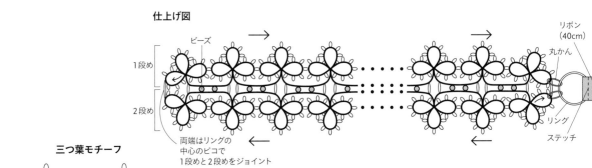

仕上げ図

ビーズ

リボン
(40cm)

1段め

2段め

丸かん

リング

ステッチ

両端はリングの
中心のピコで
1段めと2段めをジョイント

三つ葉モチーフ

ビーズを後から通す

split ring necklace →P.30

リングの連続模様の軽やかなネックレスは
スプリットリングのテクニック(p.66参照)を使っています。
ところどころにピコをたくさんあしらって、華やかな雰囲気に仕上げました。

◉材料
アンカー・マーサークロッシェ 60番
　アイボリー(926)
丸かん 2個、とめ具 1組み

◉道具と糸

A　　　　　B

1 スプリットリングのテクニックで好み
の長さになるまで作る。ところどころ、
ピコを作ったリングにする。2連作るが、
1連は目数を少し減らして小さめのリン
グにする。
2 糸端の始末をした後、両端とも2連ま
とめて丸かんを通し、とめ具につける。

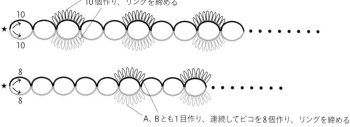

A、Bとも1目作り、連続して長めのピコ(6目分の間隔をあけて目を寄せる)を
10個作り、リングを締める

A、Bとも1目作り、連続してピコを8個作り、リングを締める

edging pattern bracelet →P.31

エジングのデザインのような連続模様のブレスレット。
チェーンの外側に作った丸いジョセフィンノット(p.62参照)がポイント
です。この作品では下半分を作り、折り返して上半分を作ります。

◉材料
アンカー・マーサークロッシェ 60番
　アイボリー(926)
丸かん 2個、とめ具 1組み

◉道具と糸

A　　　　　B

1 まず、Aのシャトルで下部のリングを
作り、リングを前に倒して(リバースワ
ーク)、Bのシャトルの糸を添えて左手に
かけ、Aのシャトルでチェーンを8目作る。
2 Bのシャトルの糸をリングの持ち方に
して裏目のみで20目作り、輪を引き締め
る(ジョセフィンノット)。
3 続けてAのシャトルでチェーンを8目
作る。リバースワークでAのシャトルで

リングを作る(途中、最初のリングのピコ
にジョイントする)。
4 続けて→の方向に作り進み、好みの長
さになったら、折り返し、上部を仕上げ
る。端のチェーンを作り終わったら、最
初の下部のリングの根もとにシャトルつ
なぎをし、糸端の始末をする。両端に丸
かん、とめ具をつけて仕上げる。

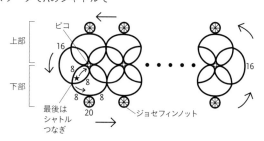

上部

下部

ピコ

ジョセフィンノット

最後は
シャトル
つなぎ

black motif necklace →P.33

大小、さまざまな形のモチーフをつないだ華やかな黒のネックレス。
モチーフの間はリングをチェーン状につないだり、
スプリットリングのテクニックで作っています。

◉材料
DMC・スペシャルダンテル 80番
　黒（NOIR）
極小ビーズ　161個
パールビーズ（直径6mm）1個

◉道具と糸

★飾り玉モチーフを作るときはシャトルA
を巻く前にビーズ24個（モチーフ1個分）を
通し、シャトルの中に巻き込んでおく。
★モチーフh（スプリットリング）を作るとき
はAが2個必要。どちらにも糸を巻く前に極
小ビーズを7個ずつ通し、シャトルの中に
巻き込んでおく。

1［モチーフa、g］Aで中央のリングのフ
ラワーモチーフ①（p.58参照）を作り、糸
端の始末をする。外側の1個めのフラワー
モチーフ②を、中央のフラワーモチー
フのピコにジョイントしながら作り、糸
端の始末をする。2個めのフラワーモチ
ーフ③は1個めのピコと中央のフラワー
モチーフのピコにジョイントしながら作
り、糸端の始末をする。これを繰り返す。
★モチーフgはリングのピコにジョイン
トしながらビーズを通す（p.61「ピコに後
からビーズを通す方法」）。

2［モチーフb、e］Aで中央のリングのフ
ラワーモチーフ①を作り、糸端の始末を
する。Bで回りに三つ葉②を作る。続け
てリバースワークでチェーンを作り、中
央のフラワーモチーフのピコにジョイン
トする。2個めの三つ葉モチーフは1個め
のピコと中央のフラワーモチーフにジョ

イントしながら作る。これを繰り返し、
糸端の始末をする。
★モチーフeはリングのピコにジョイン
トしながらビーズを通す。そのほかはモ
チーフbと同様。3枚作り、ジョイントし
ながらビーズを通す（仕上げ図参照）。

3［モチーフc、f］まず、モチーフb、e（た
だし三つ葉モチーフの外側にはすべてピ
コを作る）と同じモチーフ①②を作る。
その外側は、リング6個のフラワーモチ
ーフ③のみを前の段の三つ葉モチーフの
ピコにジョイントしながら作り、その都
度糸端の始末をする。最後にそのフラワ
ーモチーフの間にAで四つ葉モチーフ④
を作り、三つ葉モチーフ、フラワーモチ
ーフのピコにジョイントしながら作り、
その都度糸端の始末をする。これを繰り
返す。
★モチーフfはリングのピコにジョイン
トしながらビーズを通す。四つ葉モチー
フを作るときはシャトルにビーズを通
し、シャトルの中に巻き込んでおき、外
側のピコにビーズを通す（p.61「ビーズを
入れたフラワーモチーフ」参照）。

4［モチーフd］Aでリング6個のフラワー
モチーフを作り、糸端の始末をする。2
個めも同様にフラワーモチーフを作り、
1個めのフラワーモチーフのピコにジョ
イントし、糸端の始末をする。続けて3、
4個めも同様に作り、その都度糸端の始
末をする。2枚作り、ジョイントしなが
らビーズを通す（仕上げ図参照）。

5［モチーフh］A2個で、ビーズを両端に
入れながら連続してスプリットリングを
7個作る（p.66「スプリットリング」参照）。

6［飾り玉モチーフ］Aで4個作る。p. 114
「ベリーモチーフ」と同様に作る。

7［とめ具用編み玉］同じ糸でかぎ針編み

で1個作る（出来上り直径8mm、12号レー
ス針を使用）。
作り方は糸輪で編み始め、全部細編みで、
2段めからは立上り目をつけずにぐるぐ
る編む。1段めは6目、2段めは目を増や
して12目、3段めは1目おきに目を増やし
て18目、4段めは増減せず18目編む。パ
ールビーズを入れ、5段めからは目を減
らして12目、6段めは6目、7段めは3目、
8段めは2目、最後は8段めの目を一度に
編んで引き抜く。最後は鎖編みを1目し
て、糸を長めに残して切り、針を通して
編み玉に入れ、糸端の始末をする。
Aでリングの持ち方で10目作り、編み玉
の中にレース針を差してシャトルの糸を
引き出し、輪の中にシャトルを入れて糸
を引き締める。続けて10目作り、リング
を締める。これで、編み玉とリングがつ
ながる。

8Aでリングをチェーン状につなぎなが
らモチーフをつなぐ（p.96「リングのチェ
ーンの作り方」参照）。個数は仕上げ図参
照。

モチーフa 1枚
モチーフg 1枚

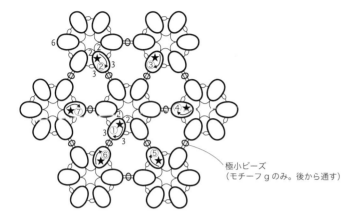

6

極小ビーズ
(モチーフgのみ。後から通す)

モチーフb 1枚
モチーフe 3枚

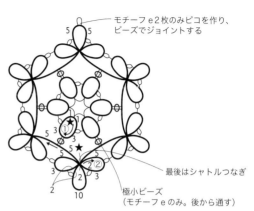

モチーフe2枚のみピコを作り、
ビーズでジョイントする

5   5

5
5
5 ★
5   5
2 ②
2   3
2
10

最後はシャトルつなぎ

極小ビーズ
(モチーフeのみ。後から通す)

モチーフc 2枚
モチーフf 1枚

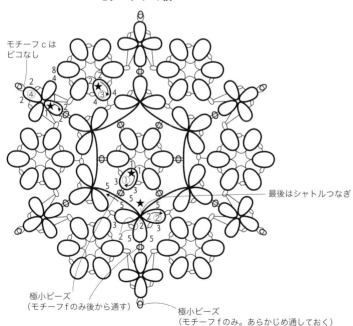

モチーフcは
ピコなし

8
2 ④
2

最後はシャトルつなぎ

極小ビーズ
(モチーフfのみ後から通す)

極小ビーズ
(モチーフfのみ。あらかじめ通しておく)

モチーフd 2枚

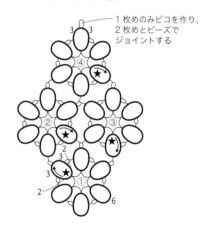

1枚めのみピコを作り、
2枚めとビーズで
ジョイントする

3   3
④
②   ③
★   ★
2
3
2   6

モチーフh 1本

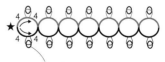

4   4
★
4   4

極小ビーズ

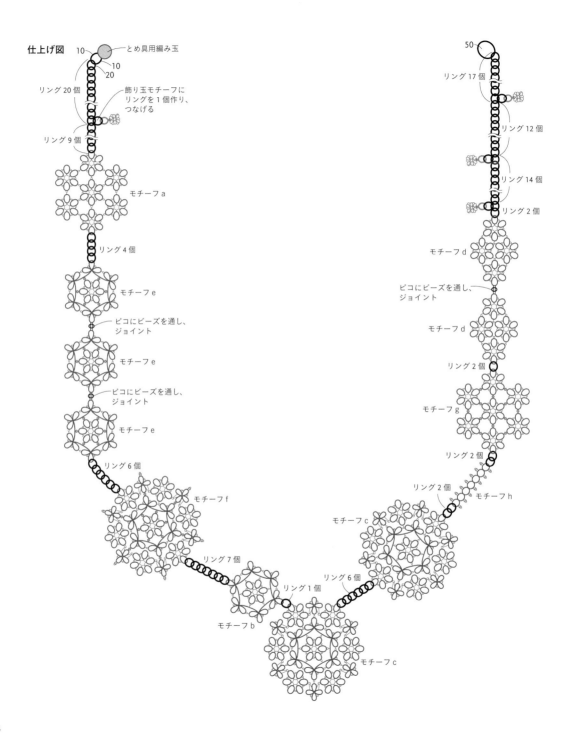

仕上げ図

10

とめ具用編み玉

10
20

リング 20 個

飾り玉モチーフに
リングを1個作り、
つなげる

リング 9 個

モチーフ a

リング 4 個

モチーフ e

ピコにビーズを通し、
ジョイント

モチーフ e

ピコにビーズを通し、
ジョイント

モチーフ e

リング 6 個

モチーフ f

リング 7 個

モチーフ b

リング 1 個

リング 6 個

モチーフ c

モチーフ c

50

リング 17 個

リング 12 個

リング 14 個

リング 2 個

モチーフ d

ピコにビーズを通し、
ジョイント

モチーフ d

リング 2 個

モチーフ g

リング 2 個

リング 2 個

モチーフ h

blue flower bracelet →P.34

基本のリングのフラワーモチーフをつないだ
スクエアモチーフがポイントのブレスレット。
糸の色と同じブルーのビーズをさり気ないアクセントに。

● 材料
DMC・スペシャルダンテル 80番
　ネイビーブルー(820)
丸大ビーズ(ブルー) 4個
丸小ビーズ(ブルー) 16個
丸かん(大) 2個、(小) 2個
とめ具(引き輪、タグ) 1組み

● 道具と糸

★スクエアモチーフの両側のフラワーモチー
フ⑥～⑨を作るときには丸小ビーズを2個ず
つ通しておく。
★すべてリングのフラワーモチーフ(p.58)で
作り、その都度、糸端の始末をする。

1 [スクエアモチーフを作る]
a フラワーモチーフ①を作る。
b フラワーモチーフ②、③、④を前のモ
チーフにジョイントしながら作る(ジョ
イントする前に前のフラワーモチーフの
ピコに丸大ビーズ1個を通す。p.61「ピコ
に後からビーズを通す方法」参照)。④は
①にもジョイントする。
c bの内側にもフラワーモチーフを1個
作る(途中で外側の4個のモチーフのリン
グとリングのつなぎ目にジョイントす
る)。
2 [両側にフラワーモチーフをつなげる]

a シャトルの糸に丸小ビーズを2個通し
ておき、フラワーモチーフを作る。1番
めのリングは途中でスクエアモチーフの
リングとリングのつなぎ目にジョイント
する。次のモチーフにつながるリングの
ピコには丸小ビーズ2個を入れる(p.61
「ビーズを入れたフラワーモチーフ」参
照)。
b 同様に4個のフラワーモチーフをつな
げながら作る。スクエアモチーフの反対
側にも5個のフラワーモチーフを作る。
3 両端のモチーフのリングに丸かんを通
し、さらに丸かん、とめ具をつなげる。

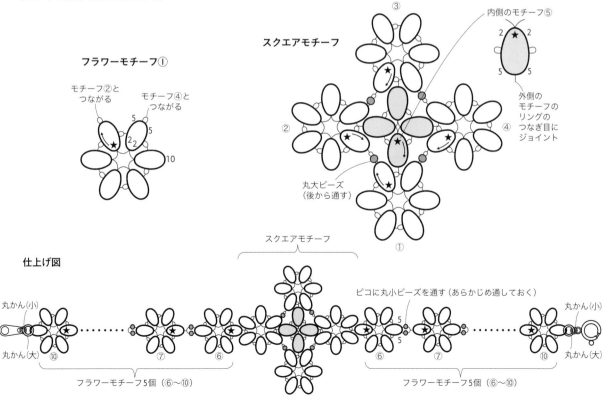

フラワーモチーフ①

モチーフ②と
つながる

モチーフ④と
つながる

5　5
2　2
10

スクエアモチーフ

③

内側のモチーフ⑤
2 ★ 2
5　5

外側の
モチーフの
リングの
つなぎ目に
ジョイント

②

④

丸大ビーズ
(後から通す)

①

仕上げ図

スクエアモチーフ

ピコに丸小ビーズを通す(あらかじめ通しておく)
5

丸かん(小)

丸かん(大)

⑩

⑦

⑥

⑥

⑦

⑩

丸かん(小)

丸かん(大)

フラワーモチーフ5個(⑥～⑩)

フラワーモチーフ5個(⑥～⑩)

blue flower necklace →P.35

p.105のブレスレットの応用のネックレス。
大小のリングのフラワーモチーフの回りに
リングのフラワーモチーフをつなげたラウンドモチーフが華やか。

◎ 材料
DMC・スペシャルダンテル 80番
　ネイビーブルー（820）
丸大ビーズ（ブルー）18個
丸小ビーズ（ブルー）56個
丸かん 2個、とめ具（引き輪、ダグ）1組み

◎ 道具と糸

★ 作り方を参照して、ビーズを通す。
★ ラウンドモチーフの2段めはリングのフラ
ワーモチーフ（p.58）で作り、その都度、糸端
の始末をする。

1［ラウンドモチーフを作る］
a　1段めは、大小のリングのフラワーモ
チーフ（p.59）を作る。シャトルの糸に丸
大ビーズを10個通しておき、外側の大き
なリングの中央のピコにビーズを1個入
れる（p.61「ビーズを入れたフラワーモチ
ーフ」参照）。最後は作り始めから出てい
る糸と、シャトルの糸をリングの根もと
の目立たないところでこま結びして糸端
の始末をする。
b　2段めは、リングのフラワーモチーフ
を1段めのピコにジョイントしながら作
る。同様に9個のフラワーモチーフをつ
なげながら作る。
2［スクエアモチーフを作る］
p.105のブレスレットの作り方の1と同様
にスクエアモチーフを2個作る。
3［フラワーモチーフを作り、ラウンド
モチーフ、スクエアモチーフにつなげる］
ラウンドモチーフの両側にリングのフラ
ワーモチーフをつなげながら作り、途中

でスクエアモチーフにもつなげ、指定の
個数作る。リングのフラワーモチーフど
うしのつなぎ目になるピコには2個丸小
ビーズを入れる（p.61「ビーズを入れたフ
ラワーモチーフ」参照）。
4 両端のモチーフのリングに丸かんを通
し、とめ具をつなげる。

ラウンドモチーフ

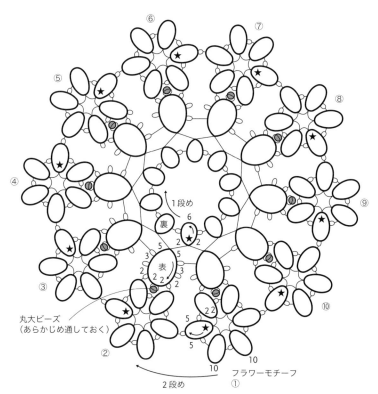

⑥　⑦
⑤　⑧
④　⑨
③　⑩

1段め
裏
6
2 ★ 2
5　3
表
2 2
5
丸大ビーズ
（あらかじめ通しておく）

②
5
2 2
★
5
10
10
2段め
フラワーモチーフ
①

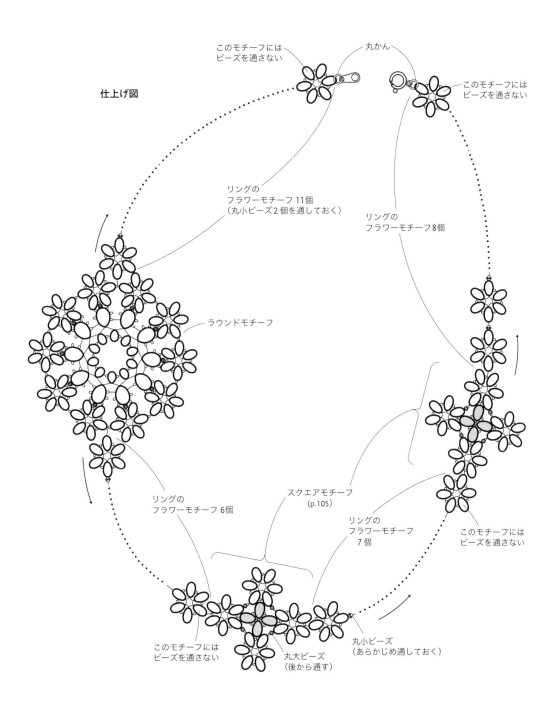

仕上げ図

このモチーフには
ビーズを通さない

丸かん

このモチーフには
ビーズを通さない

リングの
フラワーモチーフ 11 個
（丸小ビーズ 2 個を通しておく）

リングの
フラワーモチーフ 8 個

ラウンドモチーフ

リングの
フラワーモチーフ 6個

スクエアモチーフ
(p.105)

リングの
フラワーモチーフ
7 個

このモチーフには
ビーズを通さない

このモチーフには
ビーズを通さない

丸大ビーズ
（後から通す）

丸小ビーズ
（あらかじめ通しておく）

beads flower earring →P.40

花びらは竹ビーズと丸小ビーズを通した長いピコ、
花心はブルーの結び目の個性的なモチーフです。
あらかじめ使用するすべてのビーズを糸に順番に通しておきます。

◎ 材料
DMC・スペシャルダンテル 80番 緑色(699)
Lizbeth 80番 ブルー(665)
二分竹ビーズ(ゴールド) 80個
丸小ビーズ(ピンク) 40個
丸かん 2個
ピアス金具 2個

◎ 道具と糸

A (ブルー)

★竹ビーズ1個、丸小ビーズ1個、竹ビーズ1
個(花びら1枚分)の順に通し、それを全部で
20回繰り返して通しておく(ピアス1個分)。

B (緑色)

ビーズフラワーモチーフ

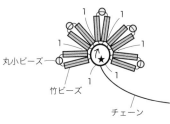

丸小ビーズ

竹ビーズ

チェーン

1 ビーズフラワーモチーフを作る。Aで
リングの持ち方にするときに、輪の中に
花びら5枚分のビーズを入れておき、ま
ず1目作る。その後、竹ビーズ1個、丸小
ビーズ1個、竹ビーズ1個を引き寄せてピ
コを作る。このビーズ入りのピコを続け
て全部で5個作り、輪を引き締める。

2 Bの糸を添えて、チェーンの持ち方に
し、25目作った後、Aで10目のリング(丸
かん通し用)を作る。図を参照してチェー
ンとビーズフラワーモチーフを繰り返
し作り、最後はリングの糸とチェーンの
糸をこま結びして、糸端の始末をする。
3 途中のリングに丸かんを通し、ピアス
金具につなげる。

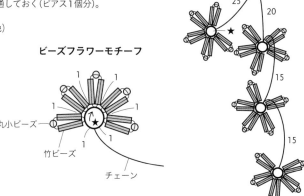

丸かん

10目の
リング

25

20

15

15

20

30

20

20

leaf bracelet →P.37

クルニーリーフを長くつなげた2重のブレスレット。
とめ具は青い糸で球形のボールモチーフとリングを作り、デザインのアクセントに。

◎ 材料
レース糸 20番 黄色
Lizbeth 80番 ブルー(665)
パールビーズ(直径5mm) 1個

◎ 道具と糸

A (黄色)

B (ブルー)

C 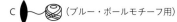 (ブルー・ボールモチーフ用)

1 右図のようにAとBの糸を結ぶ。
2 p.63を参照して、Bの糸を左手にかけ、
Aのシャトルで30段のクルニーリーフの
モチーフを作る。次にチェーンを2目作る。
これを繰り返し、リーフモチーフを全部
で38枚作る。最後にチェーン2目を作った
ら、2本の糸をこま結びし、糸を約30cm
残して切る。

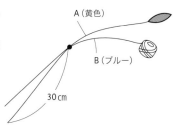

A (黄色)

B (ブルー)

30cm

3 Cのシャトルでとめ具用のボールモチーフを作る（p.121参照）。

4 最後の糸端に針を通して、**3**のボールモチーフの目に糸を適宜通して縫い、固定する。糸2本をこま結びして、玉の中に目立たないように糸を通して始末する。

5 作り始めのBの糸（ブルー）をシャトルに巻き、50目のリングを作り、糸をこま結びして糸端の始末をする。

仕上げ図

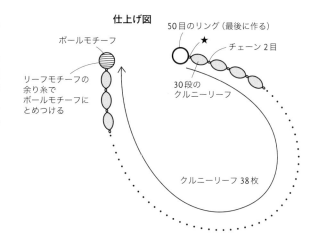

ボールモチーフ

リーフモチーフの
余り糸で
ボールモチーフに
とめつける

50目のリング（最後に作る）

★

チェーン 2目

30段の
クルニーリーフ

クルニーリーフ 38枚

rose and leaf bracelet →P.37

p.108のブレスレットと同様にクルニーリーフのモチーフをつなげたブレスレット。中心にリングのフラワーモチーフを3重に重ねたローズモチーフを配置しています。

◎ 材料
レース糸 20番 緑色
レース糸 80番 ピンク
パールビーズ（5mm）1個

◎ 道具と糸

A ━━ （緑色）

B ━━ （ピンク）

C ━━ 🧶（ピンク・ボールモチーフ用）

1 p.108のブレスレットの作り方**1**、**2**と同様に30段のクルニーリーフのモチーフを続けて9枚作る（モチーフ間のチェーンは2目）。

2 リングの持ち方でBの糸を左手にかけ、Bのシャトルで中心のローズモチーフを作る。図のa、b、cの順に花びらを重ねながら続けて作る。

3 続けてクルニーリーフのモチーフ、チェーンを9回繰り返し、p.108のブレスレットの作り方**3**〜**5**と同様にボールモチーフを作ってつけ、反対側にはBで50目のリングを作って、糸端の始末をする。

ローズモチーフ

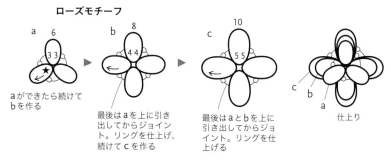

a 6

3 3

★

aができたら続けて
bを作る

b 8

4 4

最後はaを上に引き
出してからジョイ
ント。リングを仕上げ、
続けてcを作る

c 10

5 5

最後はaとbを上に
引き出してからジョ
イント。リングを仕上
げる

c
b
a

仕上り

仕上げ図

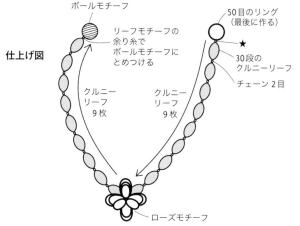

ボールモチーフ

リーフモチーフの
余り糸で
ボールモチーフに
とめつける

50目のリング
（最後に作る）

★

30段の
クルニーリーフ

チェーン 2目

クルニー
リーフ
9枚

クルニー
リーフ
9枚

ローズモチーフ

pink rose necklace →P.38

クルニーリーフとローズモチーフを組み合わせたデザインのネックレス。
クルニーリーフは2枚続けて作り、折り曲げて2重の葉にします。

◉ 材料
アンカー・マーサークロッシェ 60番
　アイボリー(926)
ダルマ・レース糸ゴールド 40番 緑色(222)
丸小ビーズ(ピンク)120個
丸かん 2個、とめ具(引き輪、タグ)1組み

◉ 道具と糸

A ◖◗（アイボリー）

★ビーズ120個を通しておく。

B ◖◗（緑色）

1 Bで10目のリング(丸かん通し用)を作
った後、Bの糸を左手にかけて、Aの糸
を添え、Aのシャトルでチェーンを20目
作る。

2 Aのシャトルでローズモチーフの花心
のリング(1目ごとにビーズを入れ、全部
で6個のビーズを入れる)、続けて花びら
を作る(Bの糸は休ませる)。

3 30段のクルニーリーフのモチーフ
(p.63参照)を作る(Aの糸を左手にかけ、
Bのシャトルで作る)。1枚作ったら、B
の糸を左手にかけ、Aのシャトルでチェ
ーンを1目作り、さらにもう1枚作り、2
枚のモチーフを重ねて折りたたむ。その
後、再びチェーンを作る。同様に繰り返
して全部で20個のローズモチーフを作
り、最後のチェーン20目を作ったら、B
で10目のリングを作り、糸をこま結びし
て糸端の始末をする。

4 両端のリングに丸かん、とめ具をそれ
ぞれつなげて仕上げる。

ローズモチーフ

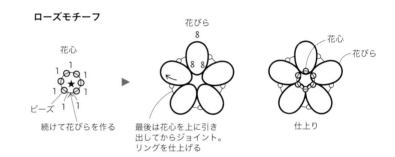

花心

花びら
8

続けて花びらを作る

最後は花心を上に引き
出してからジョイント。
リングを仕上げる

花心

花びら

仕上り

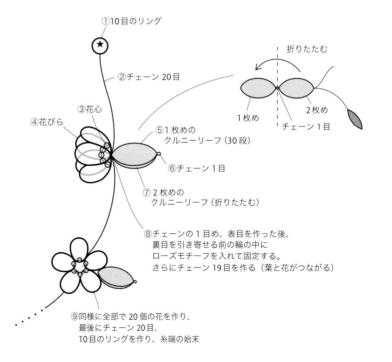

①10目のリング

②チェーン 20目

③花心

④花びら

⑤1枚めの
クルニーリーフ(30段)

⑥チェーン 1目

⑦2枚めの
クルニーリーフ(折りたたむ)

折りたたむ

1枚め

2枚め

チェーン 1目

⑧チェーンの1目め、表目を作った後、
裏目を引き寄せる前の輪の中に
ローズモチーフを入れて固定する。
さらにチェーン19目を作る(葉と花がつながる)

⑨同様に全部で20個の花を作り、
最後にチェーン20目、
10目のリングを作り、糸端の始末

110

double string flower necklace →P.41

ゴールドのビーズを通し、ラメ糸を使った1連と、
華やかなフラワーモチーフをちりばめた
1連を合わせたネックレス。

◎ 材料

DMC・スペシャルダンテル 80番
　えんじ色(815)、水色(927)
絹手縫い糸9号　ゴールド(75)
ハマナカ・ラメ糸 ゴールド
丸小ビーズ
　(オレンジ色) 74個、(小さめ・えんじ色)
　55個、(小さめ・ゴールド) 168個
丸かん 2個、とめ具(ニューホック) 1組み

◎ 道具と糸

A (えんじ色)

★オレンジ色のビーズ74個を通しておく。

B (水色)

★えんじ色のビーズ55個を通しておく。

C (絹糸、ラメ糸各1本の2本どり)

★ゴールドのビーズ168個をシャトルに巻く
前に通し、シャトルに巻き込んでおく。

1 [ゴールドの1連]Cで30目のリング(丸
かん通し用)を作り、次はチェーンの持
ち方で30目、リバースワークでリングを
作る。リングはまず1目作り、ピコ(ビー
ズ1個ずつ通す)を7個続けて作り、輪を
締める。これを24回繰り返して、最後は
チェーン30目、30目のリング(丸かん通
し用)を作り、シャトルの糸と糸巻きの
糸をこま結びし、糸端の始末をする。

2 [えんじ色と水色の1連]Aで10目のリ
ング(丸かん通し用)を作る。次にAの糸
を左手にかけ、Bの糸を添えて、Bのシャ
トルで茎のチェーン20目を作る。その
後、仕上げ図を参照してフラワーモチー
フ(①〜⑫)、茎のチェーン(目数は図に
記載)を交互に繰り返して作り、最後は
10目のリング(丸かん通し用)を作り、糸
端の始末をする。

★えんじ色のモチーフを作るときはAの
シャトルで、水色のモチーフを作るとき
はBのシャトルで、持ち替えながら作る。
★①〜③のリング2つの二葉のモチーフ
を作るときは、まずリングを続けて2個
作り、チェーンを作るときにまず表目を
作り、次に2つのリングの間にシャトル
の糸を渡してから裏目を作ると、リング
が茎の両側に分かれる。
★⑨〜⑫の2重の花びらのモチーフはま
ず内側の花びらを作った後、続けて外側
の花びらを作る。
★フラワーモチーフの配置やチェーンの
目数はゴールドの1連に合わせ、バラン
スを見ながら決めていくといい。仕上げ
図の目数と配置は作品の参考まで。

3 えんじ色と水色の1連とゴールドの1連
の両端のリングをそれぞれ重ね、丸かん
を通し、とめ具をつなげる。

フラワーモチーフ

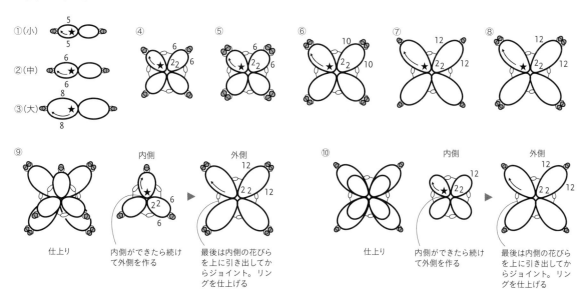

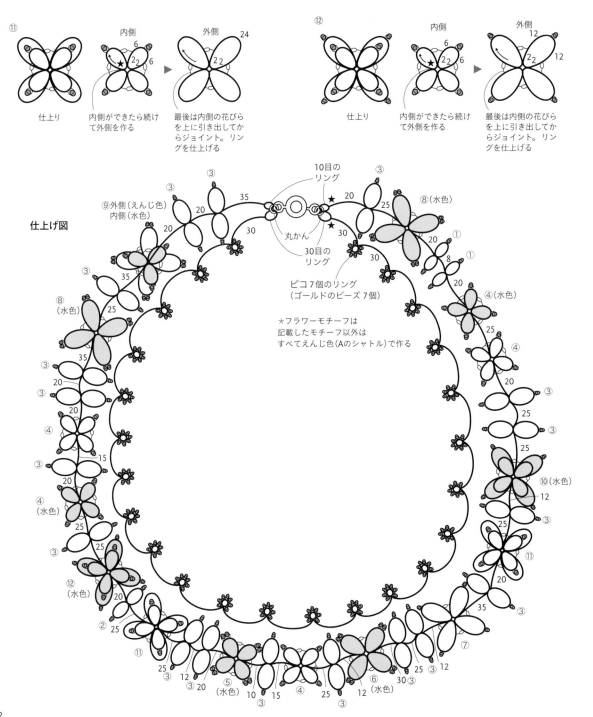

⑪

内側

外側 24

6
2 2 6
★

仕上り

内側ができたら続け
て外側を作る

最後は内側の花びら
を上に引き出してか
らジョイント。リン
グを仕上げる

⑫

内側

外側 12
12

6
2 2 6
★

仕上り

内側ができたら続け
て外側を作る

最後は内側の花びら
を上に引き出してか
らジョイント。リン
グを仕上げる

仕上げ図

10目の
リング

丸かん

30目の
リング

ピコ7個のリング
（ゴールドのビーズ7個）

★フラワーモチーフは
記載したモチーフ以外は
すべてえんじ色（Aのシャトル）で作る

⑨外側（えんじ色）
　内側（水色）

20 35 20

30

★
★

20

25

⑧（水色）

20

①
①

8

20

④（水色）

25

③
20

25

25

⑩（水色）
12

③

⑪

20

35

③

30 ③

③ 12

⑦

25 ③ 12

⑥（水色）

12

③

④

25

15

⑤（水色）

10

③ 20

12

③

③

②

25

20

⑪

25

③

25

⑫
（水色）

③

25

20

③

④
（水色）

20

③

15

④

20

③

20

③

25

35

⑧
（水色）

③

35

③

35

20

③

20

berry and leaf earring →P.42

→P.42

リーフモチーフはシャトルの糸1本と玉巻きの糸2本を使い、交互に目を作りながら長いピコの葉脈を作り、最後に回りを縁とりします。ベリーモチーフはリングのピコにビーズをびっしり通して丸く仕上げています。

◆ 材料
DMC・スペシャルダンテル 80番
　緑色(699)、えんじ色(815)
極小ビーズ　336個
丸かん　4個、イアリング金具　2個

◆ 道具と糸
リーフモチーフ

A (緑色)

B (緑色)

C (緑色)

ベリーモチーフ

D (えんじ色)

★ベリーモチーフを作るときはDを巻く前にビーズ24個(モチーフ1個分)を通し、シャトルの中に巻き込んでおく。

写真右　葉2枚のイアリング
1 A、B、Cでリーフモチーフ1枚め、続けて2枚めを作る(p.115「リーフモチーフの作り方」参照)。
2 Dでベリーモチーフ(p.114参照)を7個作り、ピコリングを作りながらつなぐ。
3 リーフモチーフのリングと、ベリーモチーフのリングの中に丸かんを通し、丸かん、イアリング金具をつなげる。

写真左　葉1枚のイアリング
1 葉2枚のイアリングと同様にリーフモチーフ1枚を作る(ただし、1周縁とりをしたあと、さらにチェーンをもう1周し、2重に縁とりをする)。
2 葉2枚のイアリングの2、3と同様にベリーモチーフを作り、仕上げる。

写真右のイアリング

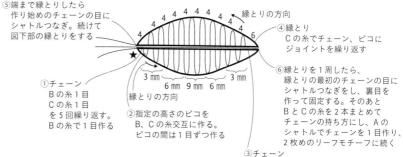

リーフモチーフ　1枚め

⑤端まで縁とりしたら作り始めのチェーンの目にシャトルつなぎ。続けて図下部の縁とりをする

縁とりの方向

④縁とり Cの糸でチェーン、ピコにジョイントを繰り返す

①チェーン Bの糸1目 Cの糸1目 を5回繰り返す。 Bの糸で1目作る

縁とりの方向

②指定の高さのピコをB、Cの糸交互に作る。ピコの間は1目ずつ作る

⑥縁とりを1周したら、縁とりの最初のチェーンの目にシャトルつなぎをし、裏目を作って固定する。そのあとBとCの糸を2本まとめてチェーンの持ち方にし、Aのシャトルでチェーンを1目作り、2枚めのリーフモチーフに続く

③チェーン Bの糸1目 Cの糸1目 を4回繰り返す

3mm 6mm 9mm 6mm 3mm

4 4 4 4 4 4 4 4 4 6

リーフモチーフ　2枚め

1枚め

⑩端まできたらリングの根もとにシャトルつなぎ。続けて図下部の縁とりをする

⑦リング チェーン1目、10目のリング、チェーン1目の順に作る

縁とりの方向

縁とりの方向

10

4

4 4 4 4 4 4 4

⑨縁とり Cの糸でチェーン、ピコにジョイントを繰り返す

⑧①、②、③と同様に作る

⑪縁とりを1周したら、縁とりの最初のチェーンの目にシャトルつなぎをし、裏目を作って固定する。Bの糸とCの糸をそれぞれシャトルの糸と2回こま結びをして糸端の始末をする

⑫丸かんを通し、丸かん、イアリング金具につなげる

113

写真左のイアリング リーフモチーフ

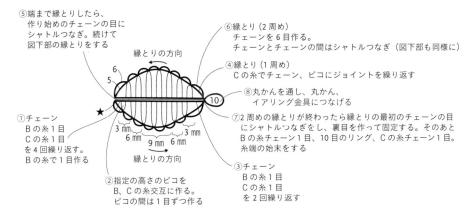

⑤端まで縁とりしたら、
作り始めのチェーンの目に
シャトルつなぎ。続けて
図下部の縁とりをする

縁とりの方向

⑥縁とり（2周め）
チェーンを6作る。
チェーンとチェーンの間はシャトルつなぎ（図下部も同様に）

④縁とり（1周め）
Cの糸でチェーン、ピコにジョイントを繰り返す

⑧丸かんを通し、丸かん、
イアリング金具につなげる

①チェーン
Bの糸1目
Cの糸1目
を4回繰り返す。
Bの糸で1目作る

3 mm
6 mm
9 mm　6 mm
3 mm

縁とりの方向

②指定の高さのピコを
B、Cの糸交互に作る。
ピコの間は1目ずつ作る

⑦2周めの縁とりが終わったら縁とりの最初のチェーンの目
にシャトルつなぎをし、裏目を作って固定する。そのあと
Bの糸チェーン1目、10目のリング、Cの糸チェーン1目。
糸端の始末をする

③チェーン
Bの糸1目
Cの糸1目
を2回繰り返す

ベリーモチーフの作り方

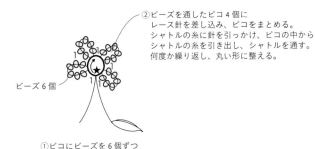

②ビーズを通したピコ4個に
レース針を差し込み、ピコをまとめる。
シャトルの糸に針を引っかけ、ピコの中から
シャトルの糸を引き出し、シャトルを通す。
何度か繰り返し、丸い形に整える。

ビーズ6個

①ピコにビーズを6個ずつ
通しながらリングを作る

イアリングの場合

③続けてチェーンと
リングを作る

④糸端をビーズの中に
入れて始末する。
同様に各7個ずつ作る

チョーカーの場合

③糸端をビーズの中に
入れて始末する。
同様に20個作る

ベリーモチーフのつなぎ方

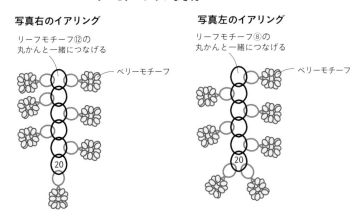

写真右のイアリング

リーフモチーフ⑫の
丸かんと一緒につなげる

ベリーモチーフ

写真左のイアリング

リーフモチーフ⑧の
丸かんと一緒につなげる

ベリーモチーフ

リングを作りながらベリーモチーフのリングにつなげる
（リングのつなぎ方は p.96「リングのチェーンの作り方」参照）

リーフモチーフの作り方　目数の少ない小さなリーフモチーフで解説します（p.116上の図参照）。作品のリーフモチーフの目数は各図を参照。違いがわかるように2色の糸を使っていますが、実際は1色の糸を使用します。

1 Aのシャトルの糸、B、Cの糸巻きの糸をまとめて固結びをする。

2 Bの糸をチェーンの持ち方にし、Aのシャトルで2目作る（Cの糸は休ませる）。

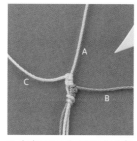

3 今度はCの糸で2目作る（Bの糸は休ませる）。

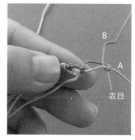

4 Bの糸で1目作った後、少し離して表目をゆるく作る。

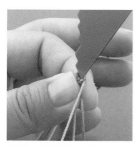

5 ゲージ（市販のゲージの場合はいちばん狭い幅を使用・幅3mm）を差し込み、その根もとにしっかり表目を寄せる。

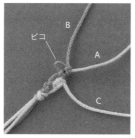

6 裏目も作り、高さ3mmのピコができた状態。

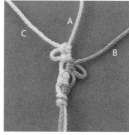

7 反対側も同様に1目作ってから、Cの糸で同じ高さのピコを作る。

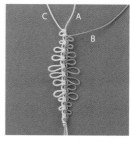

8 4〜7をもう一度繰り返し、次に同様に高さ6mm、9mm、6mm、3mmのピコを両側の糸にそれぞれ2回ずつ繰り返して作る。

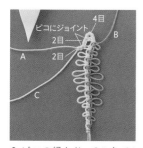

9 ピコの縁とり。Cの糸で4目作り、最初のピコにジョイント、2目、2番めのピコにジョイント、2目と作る。

10 同様にして作り、片側の最後のピコにジョイントしたら4目、作り始めのチェーンの目にシャトルつなぎ。

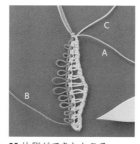

11 片側ができたところ。

12 反対側も同様にCの糸で作って1周し、最後は縁とりの最初のチェーンにシャトルつなぎし、裏目を作って固定する。

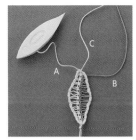

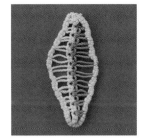

13 Bの糸とCの糸をそれぞれシャトルの糸と2回こま結びをして糸端の始末をする。

14 リーフモチーフができた。

リーフモチーフ（写真解説）

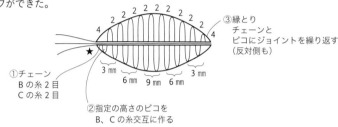

①チェーン
Bの糸2目
Cの糸2目

②指定の高さのピコを
B、Cの糸交互に作る

③縁とり
チェーンと
ピコにジョイントを繰り返す
（反対側も）

berry and leaf choker →P.42

2重に巻いてブレスレットとしても使えるチョーカー。
ひもの部分もタティングレースの技法で作っています。

◉ **材料**
DMC・コットンパール 12番
　緑色(699)
DMC・スペシャルダンテル 80番
　えんじ色(815)
極小ビーズ 480個(ビーズの色はお好みで)

◉ **道具と糸**
リーフモチーフ

A (緑色)

B (緑色)

C (緑色)

ベリーモチーフ

D (えんじ色)

★ベリーモチーフを作るときはシャトルDを巻く前にビーズ24個(モチーフ1個分)を通し、シャトルの中に巻き込んでおく。

1 Dでベリーモチーフを20個作る(p.114参照)。

2 A、B、Cでリーフモチーフa、bを作る(作り方はp.115参照)。リーフモチーフaはモチーフ2枚を続けて作る。リーフモチーフb は作り終えたら糸を切らずに続けてひもを作る。

3 ひもはAの糸を芯にして、B、C2本の糸で交互に目(表目―裏目)を1目ずつ作る(p.86「ひもの作り方」参照)。途中、ベリーモチーフにレース針を差し、ジョイントする要領で固定しながらつける。最後に23目のリングを作り、リーフモチーフaの根もとにレース針を差して、シャトルつなぎ。糸端を始末する。

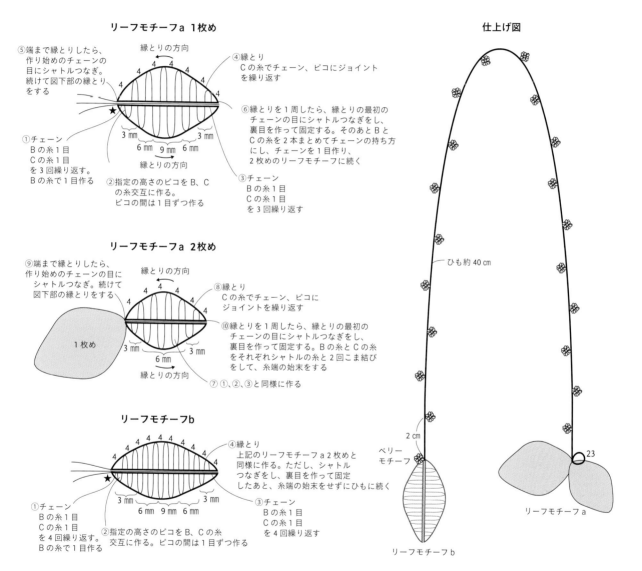

リーフモチーフa 1枚め

⑤端まで縁とりしたら、作り始めのチェーンの目にシャトルつなぎをする。続けて図下部の縁とりをする

縁とりの方向

④縁とり
Cの糸でチェーン、ピコにジョイントを繰り返す

⑥縁とりを1周したら、縁とりの最初のチェーンの目にシャトルつなぎをし、裏目を作って固定する。そのあとBとCの糸を2本まとめてチェーンの持ち方にし、チェーンを1目作り、2枚めのリーフモチーフに続く

①チェーン
Bの糸1目
Cの糸1目
を3回繰り返す。
Bの糸で1目作る

3mm　6mm　9mm　6mm　3mm

縁とりの方向

②指定の高さのピコをB、Cの糸交互に作る。ピコの間は1目ずつ作る

③チェーン
Bの糸1目
Cの糸1目
を3回繰り返す

リーフモチーフa 2枚め

⑨端まで縁とりしたら、作り始めのチェーンの目にシャトルつなぎ。続けて図下部の縁とりをする

縁とりの方向

⑧縁とり
Cの糸でチェーン、ピコにジョイントを繰り返す

⑩縁とりを1周したら、縁とりの最初のチェーンの目にシャトルつなぎをし、裏目を作って固定する。Bの糸とCの糸をそれぞれシャトルの糸と2回こま結びをして、糸端の始末をする

1枚め

3mm　6mm　3mm

縁とりの方向

⑦①、②、③と同様に作る

リーフモチーフb

4　4　4　4　4　4

①チェーン
Bの糸1目
Cの糸1目
を4回繰り返す。
Bの糸で1目作る

3mm　6mm　9mm　6mm　3mm

②指定の高さのピコをB、Cの糸交互に作る。ピコの間は1目ずつ作る

④縁とり
上記のリーフモチーフa2枚めと同様に作る。ただし、シャトルつなぎをし、裏目を作って固定したあと、糸端の始末をせずにひもに続く

③チェーン
Bの糸1目
Cの糸1目
を4回繰り返す

仕上げ図

ひも約40cm

2cm

ベリーモチーフ

リーフモチーフb

23

リーフモチーフa

117

natural flower necklace →P.44

かぎ針編みのようなやわらかな花びらは長いピコを縁とりして作っています。花心になる中央のリングは、好みの色の糸を使って。

◎ 材料

外側
アンカー・マーサークロッシェ 40番
　グレーアイボリー(390)
内側(色糸)
DMC・スペシャルダンテル 80番
　黄土色(783)、ピンク(603)、グレー(169)、
　赤紫(917)、黄色(444)、オレンジ色(947)、
　水色(3325)
アンカー・マーサークロッシェ 80番
　ブルー(131)
レース糸 80番 エメラルドグリーン
　(作品では古い糸を使用)
丸かん4個、チェーン(約13.5cm)2本
とめ具(引き輪とタグ)1組み

◎ 道具と糸

A ◀━━〜 (色糸)

B ◀━━◉ (グレーアイボリー)

1 [1段め]Aでリングを作り、糸端の始末をする。

2 [2段め]Bでリングを作り(途中で1段めのリングのピコにジョイント)、リバースワークでチェーンを作る(高さ4mmのピコを続けて10個作る。幅4mmゲージを厚紙で作り、利用すると高さがそろう)。リバースワークでリングを3つ続けて作り(三つ葉)、リバースワークで同様にピコ10個のチェーンを作る。これを繰り返し、最後のチェーンを作ったら、最初のリングの根もとにシャトルつなぎをする。

3 [3段め-花びらの縁]続けてp.119を参照して、2段めのピコの縁とりをする。

4 2個めのフラワーモチーフからは、途中で前のモチーフのチェーンにつなぎながら作る(つなぐ位置は図を参照)。全部で9個作り、両端のモチーフのチェーンに丸かんを通して、チェーン(金具)をつなげ、端に丸かん、とめ具をつなげる。

フラワーモチーフ

モチーフのつなぐ位置

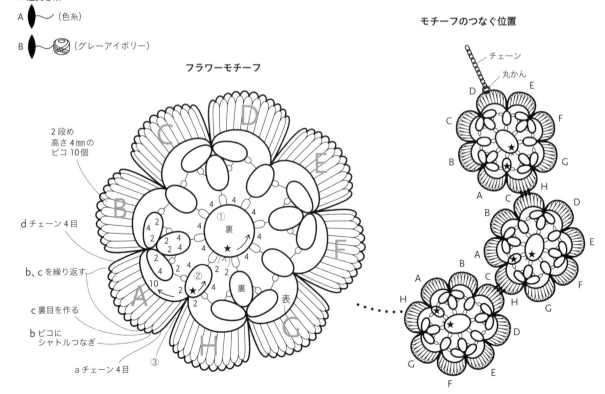

ピコの縁とり

1 2段めまでできたところ。

チェーン4目

最初のピコ

2 チェーンを4目作り、2段めの最初のピコにシャトルの爪を入れてシャトルの糸を引き出す。

シャトルつなぎ

3 引き出した糸の輪にシャトルを通して引き締める(シャトルつなぎ)。

裏目

4 続けて裏目を作る。

5 同様に次のピコにシャトルつなぎ、裏目を繰り返して花びらの10個めのピコまで縁とりし、チェーン4目を作ったら、2段めの三つ葉の根もとのすきまにシャトルつなぎをする。

6 1枚めの花びらの縁とりができたところ。同様に繰り返して10枚の花びらを仕上げ、糸端の始末をする。

仕上げ図

丸かん

チェーン

丸かん

A B C の花モチーフの配置図

モチーフのつなぎ方

前のモチーフ

②前のモチーフの縁とりのチェーンの目の間にレース針を入れてジョイント

①ピコにシャトルつなぎをし、裏目を作る

①、②を3回繰り返してつなぐ

新しく作るモチーフ

round motif collar →P.50

シンプルなワンピースに合わせたいクラシックなつけ衿。
円形モチーフ、四つ葉モチーフ、三つ葉とチェーンのエジングの3段を
順につなぎながら作ります。

◎**材料**
アンカー・マーサークロッシェ 80番
　アイボリー(926)
細いリボン　125cm

◎**道具と糸**
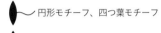
── 円形モチーフ、四つ葉モチーフ

　　🧶 三つ葉とチェーンのエジング

1 円形モチーフを作る。
　[1段め]まず、12個のピコのある中心の
リング(まず1目作り、連続して12個のピ
コを作り、リングを締める)を作り、糸
端の始末をする。ピコは長めに作る(5目
の間隔をあけて目を寄せる)。
　[2段め]まず小さなリングを1段めのリ
ングのピコに途中でつないで作る(この
時1段めのリングは裏にして持つ)。2mm
あけてリバースワークで外側の大きなリ
ングを作り、再び2mmあけてリバース
ワークで小さなリングを作り、1段めの
リングのピコにつなげる。これを繰り返
して作り、最後は外側のリングをつなげ
て(つなぎ方はp.59参照)円形に仕上げる。

次のモチーフを同様に作り、外側のリン
グの指定の位置で1個めのモチーフとつ
なげる。同様にして全部で26個つなげる。
2 四つ葉モチーフを作る。
四つ葉モチーフを作り、途中、1の円形
モチーフにつなげながら、全部で52個つ
なげる。
3 三つ葉とチェーンのエジングを作る。
チェーンを作る途中で2の四つ葉モチー
フにつなげながら、三つ葉53個を作る。
4 3のチェーンの部分に細いリボンを通
す(p.50の仕上り写真参照)。

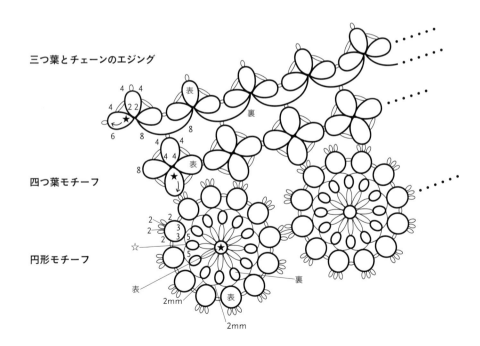

三つ葉とチェーンのエジング

四つ葉モチーフ

円形モチーフ

ball motif necklace →p.46

タティングレースの目を球状になるように増減して作るボールモチーフをつなげたネックレス。ひもの部分もタティングレースで作っています。

◉ 材料
アンカー・マーサークロッシェ 40番(ベリーモチーフ用)、60番(ひも用)
　アイボリー(926)
パールビーズ(直径6mm) 29個
ボール・チップ、丸かん 各2個
とめ具(引き輪とタグ) 1組み

◉ 道具と糸

ボールモチーフ　　ひも

A

B

C

1 ボールモチーフを全部で29個作る(下記参照)。

2 p.122の上の図を参照して仕上げる。まず、ひもを作る(p.86「ひもの作り方」参照)。A、D、Cの糸をまとめて結び、最初にBの糸をチェーンの持ち方にしてAのシャトルでチェーンを1目作る(Cの糸を休ませる)。次にCの糸をチェーンの持ち方で1目作る(Bの糸を休ませる)。これを交互に繰り返して、全部で40目(B、Cの糸各20目)作ったら、1のボールモチーフの最後にとじた目のところにレース針を入れてジョイントする。続けて30目(B、Cの糸各15目)ごとにボールモチーフをジョイントし、全部で29個のボールモチーフをつなげたら、最後は40目作り(B、Cの糸各20目)、3本の糸を結んで糸端の始末をする。

3 ひもの端をボールチップではさんで固定し、丸かん、とめ具をつなげて仕上げる。

ボールモチーフの作り方

チェーンを作るときは、目が見にくいので、シャトルつなぎの回数(1周につきシャトルつなぎ5回)数えながら適宜目数を増減し、ぐるぐる作っていきます。

1 ピコ5個のリングを作る(最初1目、次はピコを続けて5個作る)。

2 リバースワークでチェーンを1目作って最初のピコにシャトルつなぎ、次からはまず裏目+1目(表目、裏目)、次のピコにシャトルつなぎ、これを4回繰り返し、5個のピコにシャトルつなぎ。

3 同様の目数で2周めを作ったら、3周めからは裏目+2目に増やして5周めまで作り、パールビーズを入れる。

4 チェーン6、7周めは裏目+1目に減らし、2本の糸を長めに切って針を通し、目の間に適宜通して、余り糸を切る。

リングとチェーン1周め

裏目+1目
(以下同様)

シャトルつなぎ

1目

★ 中心のリングは裏

チェーン2周め

裏目+1目
(以下同様)

チェーン3周め

裏目+2目
(以下同様)

チェーン5周め

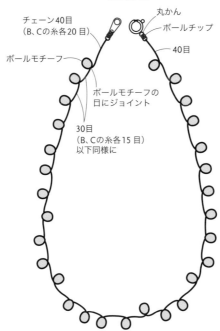

仕上げ図

チェーン40目
(B、Cの糸各20目)

丸かん

ボールチップ

ボールモチーフ

40目

ボールモチーフの
目にジョイント

30目
(B、Cの糸各15目)
以下同様に

white flower hair accessory →P.45

p.118のネックレスのフラワーモチーフをベースに2重、3重の
花びらのモチーフも組み合わせて
華やかにまとめたヘアアクセサリー。

◉ **材料**
アンカー・マーサークロッシェ 80番
　アイボリー(926)
幅7.5mmのリボン(ピンク)
　長さ約25cm 2本
丸かん 2個

◉ **道具と糸**

A

B

1 1枚めのフラワーモチーフ小(花びら1
重)を作る(p.118のフラワーモチーフと同
様)。
2 2枚め以降は、図を参考にして、フラ
ワーモチーフ(小・花びら1重、中・2重、
大・3重)をつなぎながら作り、両端のモ
チーフのチェーンに丸かんを通し、リボ
ンをとめつけて仕上げる。
★フラワーモチーフ中(花びら2重)は花
びら小を作った後、そのままチェーンの
持ち方で高さ5mmのピコ10個続けて作
り、2段めのリングの根もとにシャトル

つなぎをしながら、繰り返し1周する。
最後に1重めの花びらと同じように、チ
ェーンでピコを縁とりしながら1周する。
★フラワーモチーフ大(花びら3重)はピ
コの高さを1重め5mm、2重め6mm、3重め
7mmにして、同様に作っていく。
★モチーフのつなぎ方はp.119と同様に、
先に作ったモチーフの花びらの縁とり中
央の3か所のチェーンにジョイントする。
この作品の場合は仕上げ図のようにすべ
て、花びらのつなぐ位置を同じにしてま
っすぐ仕上げる。

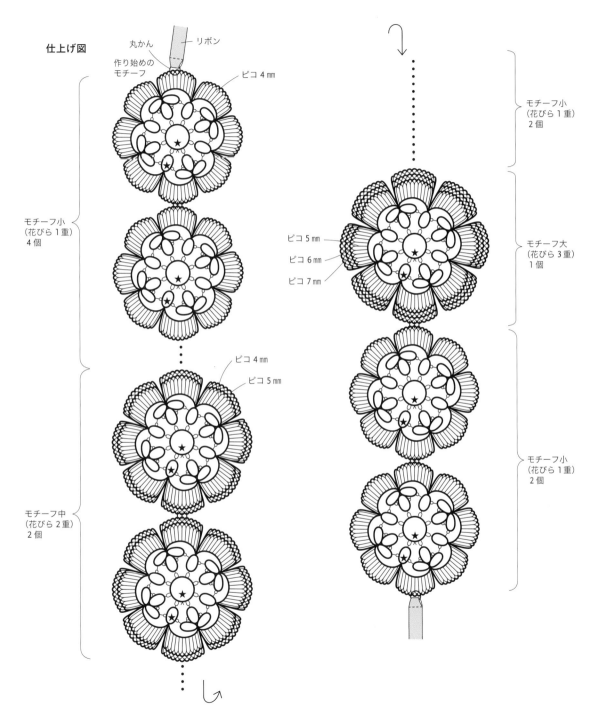

仕上げ図

丸かん　リボン

作り始めの
モチーフ

ピコ 4 mm

モチーフ小
（花びら1重）
4 個

ピコ 4 mm

ピコ 5 mm

モチーフ中
（花びら2重）
2 個

モチーフ小
（花びら1重）
2 個

ピコ 5 mm
ピコ 6 mm
ピコ 7 mm

モチーフ大
（花びら3重）
1 個

モチーフ小
（花びら1重）
2 個

hexagon motif choker →P.49

6角形(ヘキサゴン)の幾何学モチーフをつなげたチョーカー。
モチーフの中心の部分はたくさんのピコを作り、
花びらの形になるようにまとめています。

◎ **材料**

アンカー・マーサークロッシェ 80番
　アイボリー(926)
幅5mmのリボン(アイボリー) 長さ64cm

◎ **道具と糸**

A

B

1 下の写真を参照して中心のリングを作り、回りに小さなリングと1重めのチェーンを作る(指定位置のリングにはピコを作る・p.125の図参照)。次に続けて2重めのチェーンを作る。リバースワークで、1重めのチェーンと同じ向きに12目作り、前の段の小さなリングの根もとにジョイントする。最後まで作ったら、糸端の始末をする。

2 2個めからは、前のモチーフのピコにジョイントしながら作り、全部で15個作ったら、両端の1重めと2重めのチェーンの間にリボンを通して仕上げる。

基本のヘキサゴンモチーフの作り方　糸が区別できるように2色の糸を使用しています。

1 Aでリングの持ち方でまず1目作り、続けて30個のピコを作り、リングを引き締め、糸端の始末をする。

2 Bでまず、10目のリングを作り、リバースワークでチェーンを6目作る。

3 1のリングのピコ(最初から5個)の輪にレース針を入れる。

4 そのまま2の糸巻き側の糸を引き出し、ジョイント。

5 続けてチェーンを6目、リバースワークで10目のリング、リバースワークでチェーン6目を作り、再び5個のピコにジョイント。

6 1周作ったら、最後は最初のリングの根もとにジョイント。この作品では続けて2重めのチェーンを作る(右ページの図参照)。

ヘキサゴンモチーフ（チェーン2重） ピコの位置はモチーフによって異なる

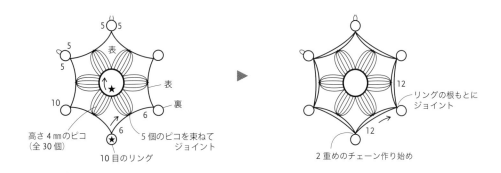

5／5

表

表

裏

5

5

10

6

6

高さ4mmのピコ
（全30個）

10目のリング

5個のピコを束ねて
ジョイント

12

12

リングの根もとに
ジョイント

2重めのチェーン作り始め

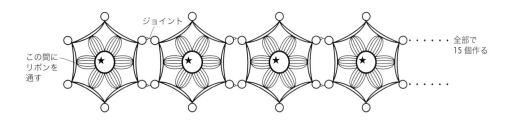

ジョイント

この間に
リボンを
通す

★

★

★

★

・・・・・ 全部で
15個作る

・・・・・

flower garden collar →P.53

p.20のブローチと同様のフラワーモチーフと丸い花のモチーフを
組み合わせて作るクラシックなつけ衿です。
基本のパターンを繰り返していくと、自然につけ衿のアーチができ上がります。

◎材料
アンカー・マーサークロッシェ 80番
　アイボリー(926) 約15g

◎道具と糸

 真ん中の小さなモチーフ

1 p.127のモチーフのつなぎ方を参照して、まず上部のフラワーモチーフ①を作る(作り方p.91参照。)ただし目数は下の図参照。次にフラワーモチーフ②を途中で①のモチーフに1か所ジョイントしながら作る。同様に上部のフラワーモチーフを全部で16枚つなげながら作る。
2 下部のフラワーモチーフ(❶〜)を上部のフラワーモチーフと2か所つなげながら作る(全部で15枚)。

3 丸い花のモチーフa、b、cを上部と下部のフラワーモチーフにつなげながら作る(モチーフの作り方p.65参照)。

フラワーモチーフ

丸い花のモチーフ

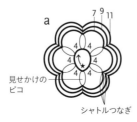

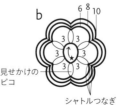

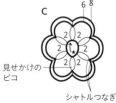

モチーフのつなぎ方

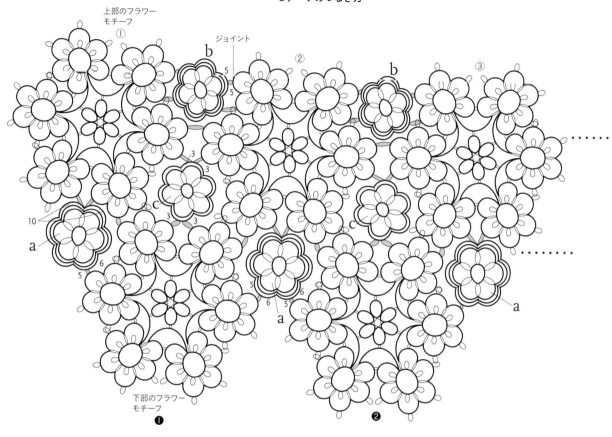

上部のフラワー
モチーフ
①

ジョイント

b
②

b
③

10
a
3
3
c
3
3

6
5

5
6
6
5
a

a

下部のフラワー
モチーフ

❶

❷

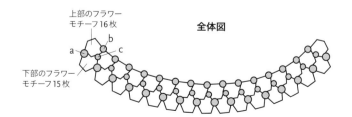

上部のフラワー
モチーフ16枚

全体図

a   b
     c

下部のフラワー
モチーフ15枚

ブックデザイン　縄田智子　L'espace

撮影　馬場わかな

スタイリング　伊東朋恵

ヘア＆メイク　高野智子

モデル　美絽

作り方解説、トレース　田中利佳

トレース　飯島満　薄井年男

プロセス撮影　馬場わかな　安田如水（文化出版局）

DTPオペレーション　西杏梨（文化出版局）

校閲　向井雅子

編集　小山内真紀
　　　大沢洋子（文化出版局）

本書は、2010 年発行『タティングレースの小
さなアクセサリー』、2011 年発行『タティング
レースのアクセサリーレシピ』、2015 年発行『フ
ラワーモチーフのタティングレース』（すべて
文化出版局刊）の中から厳選した作品に、新作
を加えて再編集、一部変更したものです。

◎レース糸提供

ディー・エム・シー
東京都千代田区神田紺屋町 13 山東ビル 7F tel 03-5296-7831
https://www.dmc.com/jp/

金亀糸業（アンカー）
東京都中央区東日本橋 1-2-15 tel 03-5687-8511
http://www.kinkame.co.jp/

◎シャトル提供

クロバー
大阪市東成区中道 3-15-5 tel 06-6978-2277（お客様係）
https://www.clover.co.jp/

◎製作協力　c/piece（金具製作）

◎衣装協力

pot and tea
https://potandtea.katalok.ooo/ja/
p.2、32 ブラウス、p.8 ワンピース、p.26 ブラウス、p.52 ワンピース

Hériter
https://www.instagram.com/heriter_official/
p.16、48 ブラウス、p.23 Tシャツ、ジャケット、
p.29 チェックブラウス、p.39 レースブラウス、p.43 ブラウス

Best selection ＋ New works
peikko のタティングレースアクセサリー

2023 年 6 月 25 日　第 1 刷発行

著　者　peikko
発行者　清木孝悦
発行所　学校法人文化学園　文化出版局
　　　　〒151-8524
　　　　東京都渋谷区代々木 3-22-1
　　　　電話 03-3299-2489（編集）
　　　　電話 03-3299-2540（営業）
印刷・製本所　株式会社文化カラー印刷

©Takako Takashima 2023　Printed in Japan
本書の写真、カット及び内容の無断転載を禁じます。